Seine Meditation gab ihm,
was sie hatte: Liebe.
Mit der Liebe veränderte er
das Gesicht der Welt.

- Sri Chinmoy

MEDITATIONSTECHNIKEN

Sri Chinmoy

Visualisationen, Atemübungen,
Mantras, Stille im Verstand,
Öffnen des Herzens

The Golden Shore Verlagsgesellschaft m.b.H - Nürnberg

Eine Zusammenstellung aus verschiedenen
Büchern Sri Chinmoys
© Copyright 1990, Sri Chinmoy Centre

Übersetzung: Abhilakshati Dietl - Apaga Renner
Coverfoto: Ranjana Ghose
Cover-Design: Mohan Bachmann

2. Auflage 2011
© Copyright 1995, Sri Chinmoy Centre
by The Golden Shore Verlagsges.mbH, Nürnberg
ISBN 978-3-89532-020-0

The Golden Shore Verlagsges. mbH
Austraße 74
D-90429 Nürnberg
www.goldenshore.de

Layout: Pragya Gerig
Druck: Offset Druckerei Pohland, Augsburg

Inhaltsverzeichnis

Einleitung

Zur Anwendung der Meditationsübungen

Die vorliegende Sammlung von Meditationstechniken des bengalischen Yogis Sri Chinmoy stellt einen Schatz dar, den wir bislang von keinem anderen großen Meditationslehrer der Geschichte so umfassend und mannigfaltig geschenkt bekamen.

Die zeitgemäße Sprache und die Anwendbarkeit der Übungen im modernen Alltag ermöglicht eine Praxis, die kein Rückzug in Retreats, Ashrams oder Klöster erfordert – ganz im Sinne der Grundidee des Integralen Yoga, die auf Annahme und Veredelung des Lebens beruht, nicht aber auf Weltflucht und extremer Entsagung.

Sri Chinmoy erklärte diese über 100 Übungen während der 60er, 70er und 80er Jahre in Englisch, oftmals als Antwort auf die entsprechende Frage eines Suchers. Dies erklärt auch den Stil, der im Englischen von einer einfachen Schönheit ist, die schwerlich ins sprachlich unterschiedliche Deutsch übertragen werden konnte.

Die unstilisierte Übertragung ins Deutsche war auch deshalb notwendig, da die von einem Meditationsmeister gegebene Übungsunterweisung immer begleitet ist von einer inneren Kraft. Ein solches "empowerment", also eine Kraft- oder Bewusstseinsübertragung durch den Meister setzt den Suchenden imstande, über die intellektuelle Information hinausgehend den inneren Prozess der Übung zu "erfühlen". So haben wir es im vorliegenden Werk unter anderem mit Übungen zu tun, die früher vielfach nur "von Mund zu Ohr" weitergegeben wurden. Wer die Anleitungen in diesem Buch jedoch nicht nur mit dem Verstand, sondern auch mit dem Herzen liest, kann durchaus in den Geschmack dieser inneren Dimension kommen.

Wie schon in den Upanishaden geht Sri Chinmoy von drei wesentlichen niedereren Wesensteilen des Menschen aus: dem Körper, unserem physischen Vehikel, dem Vitalen, das ist der Gesamtkomplex von Lebensenergien, Instinkten sowie niederen und höheren Emotionen und dem Verstand, also dem mechanischen, konkreten sowie abstrakten Denken. Diesen folgt das spirituelle Herz sowie die Seele, der göttliche Wesenskern des Menschen oder sein Selbst.

Zur Praxis: Für den Beginn ist es absolut angemessen, zunächst die Konzentrationsfähigkeit zu schulen, da diese essentiell für spätere tiefer gehendere Meditationen ist. Für Konzentrationsübungen ist ein Übungszeitraum von zumindest zwei bis drei Monaten zu empfehlen.

Weiter sind Reinigungsübungen vor dem Beginn der eigentlichen Meditationspraxis sehr anzuraten, da viele von uns im Laufe unseres Lebens negative Eindrücke im emotionalen, mentalen und oftmals auch unbewussten Bereich angesammelt haben, die zu einem gewissen Zeitpunkt der Meditation automatisch ans Tageslicht kommen und dann oft unangenehme psychische Erfahrungen verursachen. Die Wirkung von Reinigungsübungen ist mit einer "geistigen Entschlackungskur" zu vergleichen, d.h. oftmals schon lang zurückliegende Negativerfahrungen sowie emotionale und mentale Störenergien werden hervorgebracht und in positive psychische Energiepotentiale umgewandelt. Dabei kann es auch – wie bei der Homöopathie – zu einer "Erstverschlimmerung" kommen, nämlich dann, wenn die

Verunreinigungen zum Vorschein kommen. Dies ist aber gleichzeitig Anzeichen dafür, dass die angewandte Übungsmethode greift und der geistige Heilprozess bereits im Gange ist. In diesem Falle sollte man nach Möglichkeit die Übung nicht abbrechen, sondern weiterführen, bis die "geistigen Schlacken" aufgelöst worden sind. Nach einem Monat Übungsdauer stellt sich eine oft tiefgreifende Harmonisierung des Wesens und zuvor nicht erlebte Zufriedenheit ein.

Diese "Reinigungsmonate" können auch während der weiterführenden Meditationspraxis im Abstand von zwei bis drei Monaten wiederholt werden.

Sind die Konzentrations- und Reinigungsübungen sorgfältig durchgeführt worden, so steht der eigentlichen Meditation, der inneren Reise, nichts mehr im Wege. Der Praktizierende hat sich ein tragfähiges Fundament geschaffen, welches als Basis für einen großen und erfüllenden inneren Weg dienen kann. Jene, die Konzentration und Reinigung nicht praktizieren, laufen Gefahr, ihr "Haus auf Sand zu bauen" – einer der Hauptgründe, warum viele Sucher heute immer wieder ihre Übungsdisziplin abbrechen.

Als Konzentrationsübungen möchte ich hier die Übungen auf Seite 15 (Konzentration auf die Flamme, es ist auch möglich, diese Übung "äußerlich" konzentriert auf eine Kerzenflamme durchzuführen), auf den Seiten 16 ff. (Punktkonzentration), Seiten 22 (Konzentration auf eine Blume) sowie auf den Seiten 37 ff. (Atemkonzentration; die Abfolge des Ein- und Ausatmens positiver und negativer Qualitäten wie Reinheit – Dunkelheit, Frieden – Rastlosigkeit, Energie – Schwäche sowie Freude – Sorge, kann auch erweitert und erhöht werden durch Einatmen durchs Herzzentrum/Brustmitte, Ausatmen durchs Scheitelzentrum/Fontanelle) angeben. Diese Übungen haben tausenden von Teilnehmern meiner Meditationskurse in den letzten neun Jahren enorme Vorzüge und Fortschritte verschafft.

Reinigungsübungen, nach Möglichkeit während eines gesamten Monats täglich durchzuführen, finden sich auf den Seite 37 ff. (Atem) sowie auf den Seiten 45 ff. (chanten, speziell Mantra - Japa).

Tiefere Meditationen finden sich auf den Seiten 53 - 68 (Herzensmeditationen), auf den Seiten 61 - 66 (Visualisationen zu Stille, Weite, frei fließender Energie und Licht), auf Seite 78 (Meditation zur Entwicklung wichtiger geistiger Grundhaltungen oder Einstellungen wie Einfachheit, Aufrichtigkeit, Reinheit und Sicherheit), auf Seite 84 (Meditation auf inneren Frieden) sowie auf den Seite 95 - 107 (Meditation auf den Meister).

Meditation auf den Meister, oder besser gesagt, auf den Bewusstseinszustand der Meisterschaft, können in ihrer vollen Tragweite und Kraft nur erfahren werden, wenn man selbst das Glück hat, mit einem solchen fortgeschrittenen (lebenden oder auch nicht mehr im Körper befindlichen) geistigen Lehrer in direktem Kontakt zu stehen. Es sei hier immerhin gesagt, dass sich das meiste innerlich vollzieht, in aller Stille, im Sinne der schon zuvor genannten "Bewusstseins- und Kraftübertragungen", die man auch als "geistige Induktion" bezeichnen könnte.

Darüber hinaus ist es natürlich das direkte Beispiel und die enorme Inspiration und Motivation, die man von einem echten Meditationsmeister vermittelt bekommt. Der Fortschritt, den man unter der unmittelbaren Anleitung eines Meisters machen kann, lässt sich weder in Tiefe, Höhe, Qualität oder Geschwindigkeit mit dem Fortschritt vergleichen, den ein Meditierender in bloßem Selbststudium oder unter Anleitung eines einige Jahre länger meditierenden Suchers machen kann. Eine kleine Analogie: Ein Klavierschüler, der das Glück hat, von einem echten Meisterpianisten unter seine Fittiche genommen zu werden, wird ungleich mehr lernen können, als der eines gewöhnlichen Klavierlehrers, besonders was die Feinheiten, die Tiefen des Ausdrucks und der Empfindung anbelangt. Er wird sich nicht nur die Technik, sondern auch den Geist des Klavierspiels aneignen können.

Es erübrigt sich jedoch zu sagen, dass echte Meditationsmeister wie auch echte Meditationsschüler (der Schüler muss eine bestimmte innere Qualifikation und Aufrichtigkeit besitzen) dünn gesät sind.

Dieses kostbare Buch mit wahrhaft befreienden Meditationen wird vielen aufrichtigen Suchern völlig neue Perspektiven menschlichen Bewusstseins erschließen und einen tiefgehenden Beitrag zur innerlichen Lebensqualität leisten.

Hinweis zur Ausführung der Übungen:

Dieses Buch ist als Ergänzung zu dem Buch "Meditation – Menschliche Vervollkommnung in göttlicher Erfüllung" gedacht, in welchem Sri Chinmoy eine umfassende Einführung in die Meditation gibt und unzählige Fragen beantwortet, die auf unserer inneren Entdeckungsreise auftauchen.

Meditation ist die Kunst, die Gedanken zu beherrschen und danach systematisch die Wirklichkeit zu erforschen, die in uns selbst verborgen liegt und unser tieferes, eigentliches Wesen ausmacht. Meditation ist etwas völlig Natürliches. Es ist eine Art Horchen auf eine innere Stimme, eine innere Melodie, die unser Leben bereichert, vertieft und erfüllt. Meditation fördert die Kreativität auf allen Gebieten; statt ein Leben auf mechanische Weise zu absolvieren, bringt uns die Meditation dazu, es zu gestalten und zu formen.

Meditation ist völlig gefahrlos, wenn man sie vernünftig betreibt, und lohnt sich auch für Menschen, die sich nicht um die höheren Ideale der letzten Selbsterkenntnis kümmern. Es empfiehlt sich, am Anfang nicht länger als 10 - 15 Minuten zu meditieren. Sie können die Übungszeit, wenn Sie inspiriert sind, langsam (Woche für Woche um einige Minuten) auf etwa 30 Minuten erhöhen.

Wir wünschen Ihnen dabei viel Freude und Erfolg!

I.
Konzentration

Konzentriere dich
und meditiere auf Reinheit.
Siehe, dein ganzer
innerer Widerstand schwindet
und die Tür deines Herzens
ist automatisch weit geöffnet.

Konzentration auf einen Gegenstand

Konzentriere dich auf einen einzigen Gegenstand. Wenn du dich auf die Spitze deines Daumens konzentrieren willst, dann gebrauche deine Vorstellungskraft. Stell dir vor, dass dein Daumen dein einziger Besitz ist. Es gibt nichts anderes, das dir gehört. Der Rest des Körpers gehört nicht zu dir – nur der Daumen. Wenn du dich auf deine Nasenspitze konzentrieren willst, fühle, dass du nur die Nase besitzt. Deine Augen, deine Ohren, dein Mund, deine Gliedmaßen gehören nicht zu dir. Wenn du beginnst, an etwas anderes zu denken, fühle, dass du soeben fremdes Gebiet betrittst. Auf diese Weise wirst du deine Konzentrationskraft entwickeln können.

Es steht dir frei, dich auf irgendeinen Körperteil zu konzentrieren, solange du das Gefühl hast, dass er ganz dein eigen ist. Aber konzentriere dich nicht auf den Arm, die Hand oder das Bein. Nimm einen ganz kleinen Teil deines Körpers – das Auge, die Nase oder die Fingerspitze. Je kleiner er ist, desto besser ist es für die Konzentration.

Kundalini, the Mother Power

Konzentration auf den Herzschlag

Einige Sucher konzentrieren sich gerne auf ihren Herzschlag. Wenn du das tun willst, fürchte dich nicht davor, dass dein Herz stehen bleibt und du sterben wirst. Nein! Wenn du ein wirklicher Held in deinem spirituellen Leben sein willst, kannst du versuchen, dich auf deinen Herzschlag zu konzentrieren. Das ist die goldene Gelegenheit für dich, in das unendliche Leben einzutauchen. Wenn du den Klang deines Herzschlags hörst, fühle darin jedesmal dein unbegrenztes, unsterbliches Leben.

Meditation: Man-Perfection in God-Satisfaction

Konzentration auf eine Flamme

Stelle dir bitte in deinem Herzen eine Flamme vor. Noch ist es nur ein winziges, flackerndes Flämmchen, keine kraftvolle Flamme. Aber eines Tages wird sie mit Sicherheit sehr mächtig und zutiefst erleuchtend sein. Versuche dir jeden Tag, bevor du betest und meditierst, eine brennende Flamme in deinem Herzen vorzustellen. Stell dir vor, daß diese Flamme auch deinen Verstand erleuchtet. Im Augenblick kannst du dich noch nicht so konzentrieren, wie du es gerne möchtest, weil dein Verstand nicht zielgerichtet ist. Der Verstand denkt ständig an viele Dinge. Er ist das Opfer vieler unschöner Gedanken geworden. Er ist noch nicht erleuchtet. Stelle dir also eine wunderschöne Flamme in deinem Herzen vor, die dich erhellt. Bringe diese leuchtende Flamme in deinen Verstand. Dann wirst du allmählich einen Lichtstreifen in deinem Verstand sehen. Wenn der Verstand beginnt, Licht zu erhalten, ist es sehr einfach, sich lange und auch tiefer zu konzentrieren.

Aum, Jan. 1978

15

Konzentration auf einen schwarzen Punkt

Wenn du die Kraft der Konzentration entwickeln möchtest, mache bitte folgendes: Bevor du dich konzentrierst, wasche dein Gesicht und deine Augen gründlich mit kaltem Wasser. Male dann einen schwarzen Punkt in Augenhöhe an die Wand. Stelle dich so hin, dass du auf den Punkt aus einer Entfernung von ungefähr 30 cm blicken kannst, und konzentriere dich auf ihn. Versuche nach ein paar Minuten zu fühlen, dass beim Einatmen dein Atem aus dem Punkt kommt und dass auch der Punkt einatmet, indem er seinen Atem von dir erhält. Versuche zu fühlen, dass es zwei Personen gibt: dich und den schwarzen Punkt, den du an die Wand gemalt hast. Dein Atem kommt von diesem Punkt, und sein Atem kommt von dir. Wenn deine Konzentration sehr stark ist, wirst du nach zehn Minuten fühlen, dass deine Seele dich verlassen hat und in den schwarzen Punkt an der Wand eingetreten ist. Versuche in diesem Moment zu fühlen, dass du und deine Seele sich gegenüberstehen. Deine Seele bringt dich in die Seelenwelt zur Verwirklichung, und du bringst die Seele in die physische Welt zur Manifestation. Auf diese Weise kannst du deine Konzentrationskraft sehr leicht entwickeln. Aber diese Methode muss geübt werden. Es gibt vieles, das mit Übung sehr leicht wird, aber wenn wir nicht üben, erhalten wir auch kein Ergebnis.

Meditation: Man-Perfection in God-Satisfaction

Eine weitere Übung mit dem schwarzen Punkt

Male einen sehr kleinen Kreis mit einem schwarzen Punkt darin in Augenhöhe an die Wand. Er sollte schwarz sein; nicht blau, rot oder in irgendeiner anderen Farbe. Stelle dich dann in etwa einem Meter Entfernung mit dem Gesicht zur Wand und richte deine gesamte Aufmerksamkeit auf den Kreis. Deine Augen sollten entspannt und halb geöffnet sein. Lasse die Kraft deiner Konzentration aus der Mitte deiner Stirn kommen. Öffne nach drei oder vier Minuten deine Augen vollständig und versuche zu fühlen, dass du vom Kopf bis zu den Füßen nur Auge bist. Dein gesamter Körper ist zu reinem Schauen geworden. Konzentriere dich jetzt bitte auf den Punkt innerhalb des Kreises und beginne, den Gegenstand deiner Konzentration zu verkleinern. Versuche nach ein paar Sekunden zu fühlen, dass dein gesamter Körper so winzig wie dieser Punkt an der Wand geworden ist. Versuche zu fühlen, dass der Punkt Teil deines eigenen Wesens ist. Trete dann in den Punkt ein, durchdringe ihn und gehe auf die andere Seite des Punktes. Schaue von der anderen Seite zurück und betrachte deinen eigenen Körper. Dein physischer Körper ist auf einer Seite, aber durch die Kraft deiner Konzentration hast du deinen subtilen Körper auf die andere Seite des Punktes gesandt. Durch deinen subtilen Körper siehst du deinen physischen Körper, und durch deinen physischen Körper siehst du deinen subtilen Körper.

Zu Beginn der Konzentration wird dein physischer Körper zur reinen Schau. Zu diesem Zeitpunkt ist der Punkt deine Wirklichkeit. Sobald du in den Punkt eingetreten bist, werden Schau und Wirklichkeit eins. Du bist Schau und Wirklichkeit zugleich. Wenn du von dem Punkt aus auf dich zurückblickst, kehrt sich der ganze Vorgang um. Zu diesem Zeitpunkt wirst du auf der Seite des Punktes reines Schauen, und der Ort, an den du zurückkehrst – dein Körper – ist die Wirklichkeit. Danach werden Schau und Wirklichkeit wieder eins.

Wenn du Schau und Wirklichkeit auf diese Weise betrachten kannst, ist deine Konzentration absolut vollkommen. Wenn dich deine Konzentrationskraft auf die andere Seite des Punktes, den du Wirklichkeit genannt hast, bringen kann, wird sich dein ganzes Wesen weit jenseits von Schau und Wirklichkeit befinden. Sobald du fühlen kannst, dass du über Schau und Wirklichkeit hinausgegangen bist, wirst du unendliche Kraft besitzen.

Meditation: Man-Perfection in God-Satisfaction

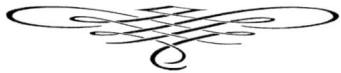

Mit der nachfolgenden Übung kannst du versuchen, deine Konzentrationskraft zu verbessern:

Stelle dich vor eine Wand, und male genau in Höhe deines dritten Auges einen schwarzen Punkt an die Wand. Dann blicke auf diesen Punkt. Betrachte ihn zuerst mit weit geöffneten Augen und schließe dann allmählich ganz langsam die Augen, aber nicht ganz. Versuche, den schwarzen Punkt mit der geringsten Sehkraft deiner menschlichen Augen zu betrachten. Öffne dann deine Augen ganz weit, so weit wie möglich, und versuche dann, sie sofort wieder fast ganz zu schließen, so dass du beinahe nichts mehr sehen kannst. Wiederhole dies einige Male. Nachdem dir das gelungen ist, halte deine Augen geöffnet und versuche zu fühlen, dass du ein Loch in die Wand bohrst und durch es hindurch trittst. Erhöhe deine Entschlossenheit, die Wand zu durchstoßen. Nach ein paar Minuten wirst du merken, dass dein

Körper noch auf der einen Seite ist, ein Teil von dir aber ist durch die Wand auf die andere Seite gegangen. Deine Konzentrationskraft hat dich auf die andere Seite der Wand getragen. Fühle, dass sich dein Körper auf der einen Seite der Wand befindet und deine Seelenkraft auf der anderen Seite. Die Seelenkraft ist auf die andere Seite der Wand gegangen. So kannst du von deinem Körper aus auf deine Seele blicken und von deiner Seele aus auf deinen Körper. Lass den Körper die Fähigkeiten der Seele erkennen, und zeige der Seele das Streben des Körpers, mit der Seele eins zu werden. Wenn du diese Übung ausführen kannst, wird sich deine Konzentrationskraft sehr schnell beträchtlich verbessern.

Aum, Jan. 1978

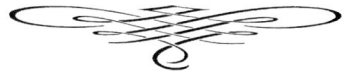

Konzentration auf eine Idee

Wenn du eine außergewöhnliche Konzentrationsfähigkeit erlangen möchtest, versuche folgendes: Nimm eine Idee und versuche, aus dieser Idee etwas Lebendiges zu machen. Projiziere es dann in Augenhöhe an die Wand. Wenn das zu schwierig ist, nimm anstelle einer Idee irgendeinen materiellen Gegenstand und stelle ihn an die Wand. Halte deine Augen geöffnet. Es ist immer besser, sich mit geöffneten Augen zu konzentrieren. Blicke den Gegenstand an und beginne dich zu konzentrieren. Dringe nun in den Gegenstand ein. Du musst deine gesamte Aufmerksamkeit aufwenden und durch den Gegenstand hindurch auf die andere Seite gehen. Wenn du auf die andere Seite gelangt bist, beginne dich von dort aus zu konzentrieren. Du bist auf der einen Seite und dein Körper auf der anderen. Konzentriere dich von der anderen Seite aus und blicke von dort auf deinen eigenen Körper.

Zuerst versuchst du, deine Aufmerksamkeit auf einen bestimmten Gegenstand zu lenken, dann trittst du in diesen ein und gehst anschließend über ihn hinaus. In diesem Augenblick wirst du der Zeuge oder *satshepurusha*. Das ist wirkliche Konzentration. Das ist das Geheimnis der Meditation. Wenn du es kennst, kannst du dich auf höchst wirksame Weise konzentrieren.

Frage: Das Geheimnis ist also, sein eigener Beobachter zu sein?

Sri Chinmoy: Ganz genau.

Frage: Ist es so, als würde man dastehen und sich selbst betrachten?

Sri Chinmoy: Ja, aber zuerst muss man in den Gegenstand eintreten und dann über ihn hinausgehen. Dann kommst du zu dir selbst zurück und wirst zum Beobachter.

Meditation: God Speaks and I Listen

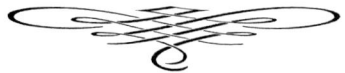

Konzentration auf einen kleinen Gegenstand

Wenn du Konzentrationskraft erlangen möchtest, identifiziere dich mit dem kleinstmöglichen Gegenstand. Nur dann wirst du unendliche Kraft erlangen. Gott hat nicht deswegen unendliche Kraft, weil Er die Weite selbst ist, sondern weil Er sowohl in einem Elefanten als auch in einer Ameise ist. Gott ist allmächtig, weil Er beides sein kann: Elefant und Ameise. Er ist das Unendliche, und Er ist das Endliche. Und gerade weil Er gleichzeitig endlich und unendlich ist, ist er allmächtig. Wenn du also durch Meditation Kraft erhalten möchtest, denke nur an die Unendlichkeit selbst, denn in ihr ist Gottes unendliche Kraft. Wenn du aber Kraft durch deine Konzentration entwickeln willst, denke an etwas sehr Feines und sehr Kleines.

Creation and Perfection

Konzentration auf ein Bild

Richte deine Aufmerksamkeit auf ein Bild. Du kannst das Bild deines Meisters anschauen, oder du kannst dich selbst im Spiegel betrachten. Wenn du dich auf dein eigenes Spiegelbild konzentrierst, dann fühle, dass du mit dem physischen Wesen, das du siehst, völlig eins bist. Versuche daraufhin, in das Bild, das du siehst, einzutreten. Von dort solltest du versuchen zu wachsen. Mit diesem einen Gedanken wirst du wachsen: Gott will mich, und ich brauche Gott. Wiederhole: "Gott will mich. Ich brauche Gott. Gott will mich. Ich brauche Gott." Dann wirst du feststellen, dass dieser göttliche Gedanke langsam und stetig zunehmend in dich eintritt und dein inneres und äußeres Wesen durchdringt und dabei deinem Verstand, deinem Vitalen und deinem Körper Reinheit schenkt.

Wenn du Konzentration üben willst, solltest du dir einen Gegenstand auswählen, der dir unmittelbar Freude schenkt. Wenn du einen Meister hast, wird dir das Bild deines Meisters spontane Freude schenken. Wenn du keinen Meister hast, dann nimm etwas, das sehr schön, göttlich und rein ist, wie zum Beispiel eine Blume.

Meditation: Man-Perfection in God-Satisfaction

Konzentration auf eine Blume

Ich habe dir eine Blume gegeben. Bitte betrachte die Blume einige Sekunden lang. Während du dich auf sie konzentrierst, versuche zu fühlen, dass du selbst diese Blume bist. Versuche gleichzeitig zu fühlen, dass diese Blume im tiefsten Inneren deines Herzens wächst.

Versuche, dich dann allmählich auf ein bestimmtes Blütenblatt der Blume zu konzentrieren. Fühle, daß dieses Blütenblatt, das du ausgewählt hast, die Keimform deiner Wirklichkeitsexistenz ist. Konzentriere dich nach ein paar Minuten wieder auf die ganze Blume und fühle, dass sie die universelle Wirklichkeit ist. Gehe auf diese Weise vor und zurück, indem du dich zuerst auf das Blütenblatt – die Keimform deiner Wirklichkeitsexistenz – und dann auf die ganze Blume – die allumfassende Wirklichkeit – konzentrierst. Erlaube dabei bitte keinem einzigen Gedanken, in deinen Verstand einzudringen. Versuche, deinen Verstand absolut ruhig und still zu halten und lasse deine Augen bitte halb geöffnet.

Schließe nach einer Weile die Augen und versuche, die Blume, auf die du dich konzentriert hast, in deinem Herzen zu sehen. Konzentriere dich dann mit geschlossenen Augen auf die Blume in deinem Herzen, und zwar auf dieselbe Weise, wie du dich zuvor auf die physische Blume in deiner Hand konzentriert hast.

Eine Blume ist der Inbegriff der Reinheit. Versuche nun zu fühlen, dass dein Herz so rein geworden ist wie die Blume.

Den Verstand zur Ruhe kommen lassen

Der Verstand ist wie ein Äffchen. Wenn du von einem Äffchen angegriffen wirst, das dich ständig beisst und zwickt, musst du es einschüchtern. Wenn du dem Äffchen jedes Mal, wenn es kommt, einen kräftigen Hieb versetzt, wird es merken, dass es ein hoffnungsloses Unterfangen ist, dich stören zu wollen. Du musst stets so wachsam wie möglich bleiben. Wenn ein ungöttlicher Gedanke in dich eindringt, musst du ihn sofort verjagen. Wenn du ständig wachsam bist, werden diese Gedanken schließlich aufgeben und dich nicht länger stören.

Auch hier ist das Wichtigste Übung. Heute benimmt sich dein Verstand wie ein Äffchen. Es klopft ständig an die Türe deines Herzens und stört den Frieden deines Herzens. Ganz gleich wie oft der Verstand zu dir kommt, jage ihn einfach fort oder richte deine gesamte Aufmerksamkeit bewusst auf etwas anderes. Wenn du dich von ihm ablenken lässt, wird es nur an Stärke gewinnen. Du musst dir bewusst sein, dass in dieser Welt jedermann Stolz, Eitelkeit und Selbstachtung besitzt. Wenn du also die Tür deines Herzens jedesmal verschließt, sobald der Verstand anklopft, und ihm keinerlei Beachtung schenkst, wird es der Verstand nach einiger Zeit als unter seiner Würde betrachten, dich zu stören.

Frage: Warum werde ich ständig von störenden Gedanken abgelenkt?

Sri Chinmoy: Der Grund, warum man ständig von Gedanken abgelenkt wird, liegt darin, dass man versucht, im Verstand zu meditieren. Es ist die Natur des Verstandes, Gedanken willkommen zu heißen – gute Gedanken, schlechte Gedanken, göttliche Gedanken und ungöttliche Gedanken. Wenn du den Verstand mit deinem menschlichen Willen beherrschen möchtest, ist das, als würdest du ein Äffchen oder eine Fliege darum bitten, dich nicht zu stören. Es liegt in der Natur eines Äffchens zu beißen und zu zwicken, und es liegt in der Natur einer Fliege, Menschen zu stören.

Eine höhere Kraft ist notwendig, um den Verstand ruhig zu stellen. Diese Kraft ist die Macht der Seele. Du musst das Licht der Seele aus dem Inneren deines Herzens hervorbringen. Du besitzt zwei Räume: den Herzensraum und den Verstandesraum. Im Augenblick ist der Verstandesraum dunkel, unerleuchtet und unrein; er ist nicht bereit, sich dem Licht zu öffnen. Der Herzensraum aber ist immer offen für das Licht, denn dort ist der Sitz der Seele. Wenn du dich konzentrieren und auf die Wirklichkeit meditieren kannst, die im Inneren deines Herzens wohnt, anstatt dich nur auf den Verstand zu konzentrieren, wird diese Wirklichkeit hervortreten. Wenn du im Herzen fest verankert bist und vom Licht der Seele durchdrungen bist, kannst du den Verstandesraum betreten, um den Verstand zu erleuchten.

Meditation: Man-Perfection in God-Satisfaction

Den Verstand ins Herz bringen

Fühle, dass es in deinem Herzen etwas gibt, das unendlich viel stärker ist als der Verstand. Fühle die Seele und bringe sie aus der Tiefe deines Herzen hervor.

Fühle, dass die Seele immense Kraft besitzt. Du siehst die Seele vielleicht nicht, aber bringe trotzdem deine innere Stärke hervor und vereinnahme damit den Verstand. Sage dem Verstand: "Du hast mir erlaubt, einige Minuten lang still zu sein, und ich bin dir dafür dankbar. Aber ich bete und meditiere immer noch und sehne mich noch immer nach mehr Frieden, Licht und Seligkeit, und nun erlaubst du mir nicht, damit weiterzumachen."

Ergreife einfach den Verstand und setze ihn in den Strom deines Herzens. Solange er dich meditieren lässt, brauchst du dir keine Sorgen zu machen. Aber wenn er anfängt, dich zu stören und du Kopfweh bekommst, bedeutet das, dass er sich widersetzt. Er erlaubt dir nicht, noch mehr Frieden und Licht von oben zu erhalten.

Nimm einfach deinen Verstand und fühle, dass er wie ein ungezogenes Kind ist. Zuvor schlief das Kind und ließ die

Mutter meditieren und zu Gott beten. Aber nun ist das Kind wach und möchte Unfug treiben. Es will der Mutter nicht erlauben, weiterhin zu beten und zu meditieren, um noch mehr Frieden, Licht und Seligkeit zu erhalten. Was also wird die Mutter tun? Sie wird das Kind ermahnen und zu ihm sagen: "Ich bete und meditiere noch. Du darfst mich nicht belästigen, du darfst mich nicht stören, sonst werde ich dich bestrafen."

Meditation: God's Voice and Man's Choice

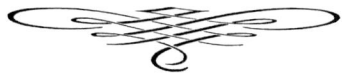

Konzentration auf die innere Göttlichkeit

Frage: Ich möchte meine Konzentrationskraft verbessern, um meinen Verstand besser auf einen Gedanken richten zu können. Was kann ich tun?

Sri Chinmoy: Wiederhole ungefähr zwanzigmal den Namen Gottes, "Supreme", so schnell wie möglich, bevor du deine Meditation beginnst, um deinen Atem zu reinigen. Solange der Atem nicht gereinigt ist, wird der Verstand umherwandern und kann nicht zielgerichtet sein. Wenn der Atem gereinigt ist, wird er sich nicht mehr wie ein ruheloses Äffchen benehmen.

Konzentriere dich anschließend bitte auf deine innere Göttlichkeit. Versuche immer zu fühlen, dass du beschützt bist, wenn du bei Gott, beim Göttlichen bist. Lass Gott und die göttlichen Qualitäten in dir deinen menschlichen, ungöttlichen Eigenschaften entgegenwirken. Wenn du das Wort "Gott" gebrauchst, versuche bitte, deine echte Liebe für Gott zu fühlen.

Fühle, während du dich konzentrierst, dass du wirklich in Gott, in den Atem Gottes hineinwächst. Dann wird deine Konzentration unweigerlich etwas für dich tun.

Meditation: God Speaks and I Listen

Den Verstand leer machen

Frage: Wie kann ich meinen Verstand so schnell wie möglich leer machen, damit ich meditieren kann?

Sri Chinmoy: Um Leere im Verstand zu erlangen, muss man als erstes nach etwas Höherem streben. Dann musst du deinen Verstand leer machen. Du solltest keinem einzigen Gedanken erlauben, in deinen Verstand einzudringen und Gestalt anzunehmen. Angenommen, ein Begriff taucht auf. Sobald der erste Buchstabe des Namens erscheint, vernichtest du ihn. Du musst deinen Verstand mit der Kraft deiner Konzentration so leer wie möglich machen.

Angenommen, ein Gedanke, eine Erregung oder irgendetwas anderes erscheint vor dir. Schieße sofort einen Pfeil ab und zer-schlage es in Stücke. Eine Vorstellung kommt, der Name von einem Menschen oder ein anderer Gedanke taucht auf. Wirf sie einfach sofort hinaus. Lass sie nicht erscheinen und in deinen Verstand eintreten. Bevor sie den Verstand berühren, solltest du sie in Stücke schneiden. Wenn jedoch bereits Gedanken und Vorstellungen in dir, in deinem Körper und deinem Verstand sind, solltest du auf folgende Weise meditieren: Sei so entspannt wie möglich und stelle dir vor, mitten im Meer zu sein. Nehme dann diese Gedanken und Vorstellungen auf, so dass sie keine von dir getrennte Identität mehr haben. Lass sie im Meer verschwinden. Wenn sie bereits in dir sind, dann wirf sie ins Meer. Wenn sie von außen kommen, dann lass nicht zu, dass sie in dich eindringen. Wenn du es übst, wird deine Meditation unweigerlich gelingen.

Meditation: God Speaks and I Listen

Beherrschung der Gedanken

Frage: Wie kann ich meine Gedanken beherrschen?

Sri Chinmoy: Wenn deine Gedanken keine guten Gedanken sind, wenn sie ungöttlich, ungesund sind, gibt es zwei Wege, sie zu beherrschen. Ein Weg ist, sich vorzustellen, dass es in deinem Verstand ein Zimmer gibt, und dieses Zimmer hat naturgemäß eine Tür. Es ist dein Zimmer, also kannst du draußen vor der Tür stehen und keine Gedanken einlassen. Du kannst das Verstandeszimmer verschlossen halten und an der Türe wachen. Es ist dein Zimmer. Wer könnte also ohne deine Erlaubnis eintreten? Wenn du jedoch die Türe offen lässt, kann jeder eintreten, und wenn die Gedanken erst einmal drinnen sind, ist es schwierig für dich, sie wieder hinauszuwerfen. Also musst du sie davon abhalten hereinzukommen.

Aum, März 1977

Wenn ein Gedanke erscheint, der nicht rein, gut oder göttlich ist, wiederhole ganz schnell das Wort "Supreme". Der Supreme ist mein Guru, dein Guru, jedermanns Guru. All jene, die unseren Weg angenommen haben, müssen wissen, dass der Supreme der wirkliche Guru ist. Wiederhole also "Supreme" sehr schnell und fühle bitte, dass du bei jeder Wiederholung von "Supreme" eine Schlange erschaffst, die sich um den ungöttlichen Gedanken wickelt und ihn vernichtet.

Wenn Eifersucht kommt, sage sehr schnell "Supreme", und du wirst sehen, dass sich um diesen Gedanken der Eifersucht eine Spirale wickelt, welche die Eifersucht vernichtet.

m, März 1977

Meditieren lernen

Wenn du Meditation erlernen willst, ohne dich vorher in Konzentration zu üben, solltest du fühlen, dass du an der Tür zu deinem inneren Zimmer stehst. Wenn du an dieser Tür stehst, erlaubst du nur deinen Freunden, dein Zimmer zu betreten. Fremde oder Feinde lässt du nicht herein.

Du darfst nur gute Gedanken, göttliche Gedanken einlassen. Sie sind deine wahren Freunde. Ungöttliche Gedanken, feindselige Gedanken darfst du nicht hereinlassen. Dein Verstand empfängt ständig Gedanken – du musst sehr vorsichtig sein. Du darfst nur göttliche Gedanken willkommen heißen. Spiele dann mit diesen göttlichen Gedanken. Lass sie im Garten deines Verstandes spielen. Spiele mit Gedanken an göttliche Eigenschaften, an göttliche Liebe, an göttliche Macht oder an göttlichen

Frieden. Lass sie in dir spielen, lass sie wachsen. Dann wird eine Zeit kommen, wo du merken wirst, dass es keine Gedanken gibt, wenn du nur göttlichen Gedanken erlaubst, in dir zu spielen. Dein gesamtes Wesen wird mit innerer Göttlichkeit überflutet werden. Dein Bewusstsein wird nur versuchen, empfänglich zu sein. Und was wird herabkommen, was wird in dich eindringen? Wahrheit im Überfluss, Licht im Überfluss, Liebe im Überfluss, alles in unendlichem Maße.

Meditation: God Speaks and I Listen

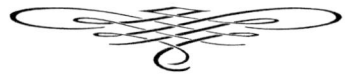

Es gibt zwei Arten von Gedanken: Gute Gedanken und schlechte Gedanken. Eine Art ist gesund und eine ist ungesund. Ungesunde, ungöttliche Gedanken sind unsere Feinde, wohingegen gute, göttliche Gedanken unsere Freunde sind. Wir stehen an der Tür unseres Hauses, und jemand klopft an. Wir müssen nachsehen, ob es sich um einen Freund oder um einen Feind handelt. Wenn es ein Freund ist, erlauben wir ihm, hereinzukommen. Wenn es ein Feind ist, werden wir ihn nicht hereinlassen. Die Schwierigkeit dabei ist nur, dass die Feinde manchmal sofort hereindrängen, wenn wir die Tür auch nur einen kleinen Spalt öffnen. Was sollen wir also tun? Wir öffnen die Tür erst gar nicht. Wir verriegeln die Tür von innen. Unsere wirklichen Freunde werden nicht weggehen. Sie werden denken: "Etwas ist nicht in Ordnung mit ihm. Normalerweise ist er sehr nett zu uns. Es muss einen besonderen Grund geben, warum er die Tür nicht öffnet." Aus ihrem mitfühlenden Einssein heraus werden sie unbegrenzt warten.

Unsere Feinde aber wollen uns nur belästigen, quälen und zerstören. Sie werden nur einige Minuten warten. Nach kurzer Zeit werden sie die Geduld verlieren und sagen: "Es ist unter unserer Würde, hier unsere Zeit zu verschwenden." Diese Feinde haben ihren Stolz. Sie haben den Stolz noch nicht überwunden und werden sagen: "Wen kümmert es? Wer braucht ihn? Lass uns gehen und jemand anderen angreifen."

Wenn wir einem Äffchen keine Aufmerksamkeit schenken, wird uns das Äffchen schließlich verlassen und jemand anderen belästigen. Genauso wird ein negativer Gedanke gehen und den Verstand eines anderen beschäftigen. Unsere Freunde aber werden sagen:"Nein, wir brauchen ihn, und er braucht uns. Wir werden ewig auf ihn warten." Unsere Feinde werden also nach ein paar Minuten weggehen. Dann können wir die Tür öffnen, und unsere liebsten Freunde werden davor stehen und auf uns warten.

Nehmen wir nun einen Gedanken. Du wirst sagen, dass du dich selbstverständlich nur auf gute Gedanken konzentrierst. Aber unglücklicherweise meditieren wir unbewusst doch auf schlechte Gedanken. Eifersucht, Zweifel, Misstrauen – unbewusst hegen wir sie alle. Wenn schlechte Gedanken dieser Art kommen, musst du dir vorstellen, dass die schlechten Gedanken eine Person darstellen. Betrachte Eifersucht, Angst, Zweifel und Heuchelei einfach als Menschen und gib ihnen umgehend eine menschliche Gestalt: "Dieser Bursche hat ungöttliche Eigenschaften." Wenn es ein guter Gedanke ist, gib ihm ebenfalls eine Gestalt: "Dieser Mensch hat alle guten Eigenschaften – Demut, Aufrichtigkeit und so weiter."

Was tust du dann? Wenn du einen guten Menschen siehst, fühle, dass er dich führt, und versuche, ihm so lange zu folgen, wie er es wünscht. Wenn du aber einen schlechten Menschen siehst – einen Menschen voller Angst, Unruhe und ähnlichem –, dann fühle, dass er dich gnadenlos jagen wird und du sofort vor ihm davonlaufen musst. Du darfst ihm niemals erlauben, sich dir zu nähern. Wenn du jemanden vor dir siehst, der dir gefährlich scheint, dann handle sofort, als ob er dich zerstören wollte. Fühle, dass dein Leben in Gefahr ist. Im spirituellen Leben nehmen Menschen schlechte Gedanken sehr oft nicht ernst genug. Wir nähren diese ungöttlichen Eigenschaften und glauben, es seien nur Insekten, die uns stechen. Wenn du aber diese ungöttlichen Eigenschaften besitzt, musst du fühlen, dass sie schlimmer sind als Drachen; sie sind etwas sehr Gefährliches.

Meditation: Humanity's Race and Divinity's Grace

Du kannst damit beginnen, gute Gedanken zu hegen: "Ich möchte gut sein. Ich möchte spiritueller sein. Ich möchte Gott mehr lieben. Ich möchte nur für Ihn da sein." Lass diese Vorstellungen in dir wachsen. Beginne mit einem oder zwei göttlichen Gedanken: "Heute werde ich völlig rein sein. Ich werde keinen einzigen schlechten Gedanken zulassen, und nur Frieden soll in mich eintreten." Wenn du nur göttlichen Gedanken gestattest, in dir zu wachsen, wirst du bemerken, dass sich dein Bewusstsein in positiver Weise verändert.

Das beste ist, sich mit dem Bewusstsein seines Meisters zu identifizieren. Wenn du dies aber schwierig findest, beginne mit göttlichen Gedanken. "Heute möchte ich fühlen, dass ich wirklich ein Kind Gottes bin." Das ist nicht nur ein Gefühl, sondern tatsächliche Wirklichkeit. Stelle dir die Jungfrau Maria vor, wie sie das Christuskind hält. Fühle, dass die göttliche Mutter dich wie ein Baby in ihren Armen hält. Spüre dann: "Ich möchte wirklich Weisheitslicht besitzen. Ich möchte mit meinem Vater gehen. Wo auch immer er hingeht, ich werde ihm folgen. Ich werde Licht von ihm erhalten."

Meditation: God's Blessing-Assurance

In jedem Augenblick werden wir von schlechten Gedanken angegriffen oder von guten Gedanken inspiriert. Jeder Gedanke kann in unserem Leben wie eine Atombombe wirken. Wenn wir von einem schlechten Gedanken angegriffen werden, werden wir versuchen, ihn abzuwehren. Wenn wir von einem guten Gedanken berührt werden, werden wir versuchen, ihn zu nähren und zu vergrößern. Wenn wir früh am Morgen anfangen zu meditieren und ein guter Gedanke erscheint, dann sollten wir ihn ausdehnen.

Nehmen wir an, es sei ein Gedanke göttlicher Liebe – nicht menschlicher, emotionaler Liebe, sondern göttlicher, universeller Liebe: "Ich liebe Gott, ich liebe Gottes gesamte Schöpfung." Liebe kann unser Ideal sein. Liebe kann unser höchstes Ziel sein. Wenn es sich also um göttliche Liebe, um universelle Liebe, transzendentale Liebe handelt, haben wir es mit Gott selbst zu tun.

Aum, 1980

Du kannst meditieren und deinem Verstand sagen: "Ich werde dir nicht erlauben, eigene Wege zu gehen. Ich möchte jetzt an Gott denken." Wiederhole im stillen oder laut den Namen Gottes. Sage dir sodann: "Ich möchte in meinem ganzen Wesen Reinheit haben" und wiederhole 'Reinheit, Reinheit, Reinheit'. Dabei erlaubst du deinem Verstand nicht, an Unreinheit oder an eine andere Person oder Sache zu denken. Gib deinem Verstand keine Gelegenheit umherzuwandern; benutze den Verstand einfach für deine eigenen Zwecke. Du hast unzählige Dinge in und durch deinen Verstand zu vollbringen. Doch der Verstand ist so ungezogen und trickreich, dass wenn du ihn nicht benutzt, er dich benutzen wird.

Eternity's Soul-Bird

Reinhaltung des Verstandes

Frage: Wie kann ich meinen Verstand rein halten?

Sri Chinmoy: Du kannst deinen Verstand rein halten, indem du ständig fühlst, dass du gar keinen Verstand besitzt; du besitzt nur das Blumenherz eines Kindes. Wenn dich jemand fragt: "Was geht in deinem Verstand vor?", kannst du einfach sagen: "Ich habe keinen Verstand. Ich habe nur das Herz eines Kindes." Du brauchst deinen Verstand nicht rein zu halten, wenn du keinen Verstand hast. Auf diese Weise kannst du das Problem umgehend lösen.

Frage: Seit einem Jahr übe ich Konzentration und Meditation, wobei ich meine Aufmerksamkeit auf mein Nabelchakra richte. Aber es scheint, dass ich nicht so viel Fortschritt mache, wie ich möchte, was die Beherrschung meiner Gedanken betrifft. Kannst du mir einen Rat dazu geben?

Sri Chinmoy: Was du tust ist sehr gut. Wir haben sechs spirituelle Zentren im Körper. Du konzentrierst dich auf das Zentrum, das *Manipura* genannt wird. Es ist das Zentrum, dem gewöhnlich in der Zen-Disziplin Aufmerksamkeit geschenkt wird. Aus diesem Zentrum erhältst du unseren indischen spirituellen Lehren zufolge dynamische Energie. Wenn du diese göttliche Energie für ein göttliches Ziel verwendest, erschaffst du etwas. Wenn du sie für eine aggressive Absicht verwendest, zerstörst du.

Wenn du deine Gedanken beherrschen möchtest, solltest du dich auf das Zentrum zwischen den Augenbrauen konzentrieren. Wenn du sehr starr bist und deine Konzentration intensiv ist, solltest du dich dort nicht länger als zwei Minuten konzentrieren. Sonst wirst du schon zu Beginn erschöpft sein. Wenn du dich dann auf das Herzzentrum konzentrierst, wirst du Frieden, Liebe und Freude erhalten. Versuche, den kosmischen Klang, den klanglosen Klang zu hören, wenn du in das Herz eintrittst. Wenn du die Liebe, die Freude, den Frieden und die Seligkeit deines Herzens in das Zentrum zwischen den Augenbrauen bringen kannst, wirst du feststellen, dass dort keine Gedanken mehr sind.

Das Herz ist für dich der sicherste Ort für sowohl für die Konzentration, wie auch für die Meditation. Hier wirst du automatisch Reinigung erhalten, denn im Herzen befindet sich die Seele, und die Seele ist eins mit dem Unendlichen. Von hier wirst du alles erhalten.

Reinheit beim Atmen

Das erste, an das du
beim Atmen denken solltest,
ist Reinheit.
Wenn du beim Einatmen spüren kannst,
dass der Atem direkt von Gott,
von der Reinheit selbst kommt,
dann kann dein Atem
leicht gereinigt werden.

II.
Atemübungen

Nur ein kleiner Wink für die Meditation.
Meditiere seelenvoll ~
du wirst die Unwissenheitsnacht
spielend besiegen.

Nur ein kleiner Wink für die Meditation.
Meditiere bedingungslos ~
du wirst den Supreme
für immer gewinnen.

Ruhiges Atmen

Richtiges Atmen ist bei der Meditation sehr wichtig. Versuche beim Atmen so langsam und ruhig einzuatmen, dass sich ein winziger Faden vor deiner Nase überhaupt nicht bewegen würde. Und wenn du ausatmest, versuche noch langsamer auszuatmen, als du eingeatmet hast. Mach, wenn möglich, eine kurze Pause zwischen dem Ende deines ersten Ausatmens und dem Beginn deines neuen Einatmens. Wenn du kannst, dann halte deinen Atem für ein paar Sekunden an.

Tue es jedoch nicht, wenn es dir schwer fällt. Tue niemals etwas, das deine Organe oder dein Atemsystem schädigen könnte.

Meditation: Man-Perfection in God-Satisfaction

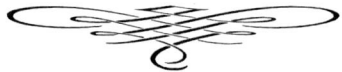

Atemübungen für bestimmte Eigenschaften

Versuche jedes Mal beim Einatmen zu spüren, dass du unendlichen Frieden in deinen Körper bringst. Das Gegenteil von Frieden ist Unruhe. Versuche beim Ausatmen zu fühlen, dass du die Unruhe in dir und auch die Unruhe, die du um dich herum siehst, ausstößt. Wenn du auf diese Weise atmest, wirst du bemerken, dass dich die Unruhe allmählich verlässt. Wenn du dies einige Mal geübt hast, kannst du versuchen zu fühlen, dass du aus dem Universum Kraft einatmest. Und wenn du ausatmest, versuche zu spüren, dass all deine Angst aus deinem Körper austritt. Nachdem du das einige Male getan hast, versuche zu fühlen, dass du Freude einatmest, unendliche Freude, und dass du Sorgen, Leid und Traurigkeit ausatmest.

Meditation: Man-Perfection in God-Satisfaction

Fühle beim Einatmen, dass du nicht Luft, sondern kosmische Energie einatmest. Fühle, dass mit jedem Atemzug enorme kosmische Energie in dich eintritt und dass du sie zur Reinigung deines Körpers, deines Vitalen, deines Verstandes und deines Herzens gebrauchst. Spüre, dass es keinen einzigen Punkt in deinem Körper gibt, der nicht von dem Strom kosmischer Energie erfasst wird. Sie fließt in dir wie ein Strom und wäscht und reinigt dein gesamtes Wesen. Wenn du dann mit dem Ausatmen beginnst, solltest du fühlen, dass du allen Ballast in dir ausatmest – alle ungöttlichen Gedanken, alle dunklen Ideen und unreinen Taten. Atme alles aus, was du in deinem System als ungöttlich bezeichnest, alles, was du nicht als dein eigen betrachtest.

Meditation: Man-Perfection in God-Satisfaction

Bevor du zu meditieren beginnst, atme bitte einige Male tief ein. Versuche dir bei jedem Atemzug vorzustellen, dass ein Energiestrom in dich eintritt. Versuche dann zu fühlen, dass du durch verschiedene Teile deines Körpers atmest: durch deine Augen, deine Ohren, deine Stirn, deine Schultern, deinen Scheitel und so weiter. Fühle, dass jeder dieser Orte eine Tür ist, die du jedesmal öffnest, wenn du einatmest. So fließt dann Energie aus dem universellen Bewusstsein in dich ein.

Meditation: Man-Perfection in God-Satisfaction

Versuche, beim Einatmen bei jedem Atemzug sieben Mal langsam "Supreme" zu wiederholen und weitere sieben Mal, während du ausatmest. In dir gibt es sieben höhere und sieben niedere Welten. Wenn du beim Einatmen "Supreme" wiederholst, fühle, dass du in die höheren Welten in dir eintrittst. Wenn du erst einmal die sieben höheren Welten erreicht hast, wirst du solide Kraft vorfinden. Denke, während du ausatmest, an die sieben niederen Welten in dir und versuche, die Stärke der höheren Welten in die niederen Welten zu werfen. Sammle alles in den höheren Welten und tritt dann beim Ausatmen, während du "Supreme, Supreme, Supreme ..." wiederholst, mit Frieden, Licht und Seligkeit in die niederen Welten ein, um sie zu reinigen.

Aum, März 1977

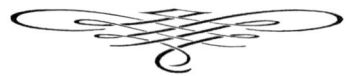

In Indien gibt es ein traditionelles System der Atemkontrolle, das *Pranayama* genannt wird. *Prana* ist die vitale Energie, der Lebensatem; *Yama* bedeutet Kontrolle. *Pranayama* ist die Kontrolle des Lebensatems. Die erste Übung, die du praktizieren kannst, besteht darin, den Namen Gottes, den Namen Christi oder wen auch immer du verehrst, beim Einatmen einmal zu wiederholen. Wenn dir dein Meister ein Mantra gegeben hat, kannst du dieses wiederholen. Das Einatmen muss nicht lang oder tief sein. Halte dann deinen Atem an und wiederhole den gleichen Namen viermal. Und wenn du ausatmest, wiederhole den Namen oder das Mantra, das du ausgewählt hast, zweimal. Atme auf einen Schlag ein, halte den Atem vier Schläge an und atme auf zwei Schläge aus, indem du innerlich den heiligen Namen wiederholst. Wenn du einfach nur die Zahlen eins-vier-zwei zählst, wirst du innerlich nicht das geringste spüren. Wenn du aber den Namen Gottes wiederholst, werden sofort göttliche Eigenschaften in dich eintreten. Wenn du dann den Atem anhältst, werden diese göttlichen Eigenschaften in dir kreisen und in all deine Unreinheiten, Unklarheiten, Unvollkommenheiten und Begrenzungen eindringen. Und wenn du ausatmest, werden die gleichen göttlichen Eigenschaften all deine ungöttlichen, widerstrebenden und zerstörerischen Eigenschaften davontragen.

Der Anfänger beginnt mit dem Rhythmus eins-vier-zwei. Wenn er in seiner Atmung geübter wird, wird er in der Lage sein, mit einem Rhythmus von vier-sechzehn-acht zu üben: auf vier Schläge einatmen, sechzehn Schläge lang die Luft anhalten und auf acht Schläge ausatmen. Dies darf aber nur Schritt für Schritt geschehen. Manche Menschen gehen sogar noch weiter. Sie machen einen Rhythmus von acht-zweiunddreißig-sechzehn. Dies ist aber nur für Fortgeschrittene geeignet.

Eine weitere Übung ist die wechselseitige Atmung. Dabei hält man sich das rechte Nasenloch mit dem Daumen zu und holt einen langen Atemzug durch das linke Nasenloch. Wiederhole den Namen Gottes beim Einatmen. Halte dann deinen Atem vier Schläge an und wiederhole dabei den Namen Gottes viermal. Lasse schließlich dein rechtes Nasenloch los und halte dein linkes Nasenloch mit dem Ringfinger zu und lasse deinen Atem zwei Schläge lang herausströmen, wobei du den Namen Gottes zweimal wiederholst. Mache diese Übung dann umgekehrt, indem du zuerst das linke Nasenloch zuhältst. Bei dieser Übung brauchst du nicht leise zu atmen. Wenn du dabei Geräusche machst, ist das nicht schlimm. Allerdings sollte diese Übung natürlich nicht in der Öffentlichkeit gemacht werden, oder wenn andere Menschen versuchen, in Stille zu meditieren.

Du solltest das Eins-Vier-Zwei Atmen nicht länger als vier bis fünf Minuten lang üben und auch das wechselseitige Atmen nicht öfter als dreimal machen. Wenn du es zwanzig-, vierzig- oder fünfzigmal wiederholst, wird vom unteren Ende deines Rückgrats Hitze in deinen Kopf aufsteigen und dort Druck und Kopfschmerzen erzeugen. Es ist wie beim Essen: Essen ist gut, aber wenn du zuviel isst, wirst du dir den Magen verderben. Diese Hitze wirkt auf ähnliche Art. Wenn du die Übung über deine Fähigkeit hinaus praktizierst, wird sie dir anstelle eines friedlichen Verstandes einen arroganten, unbeherrschten und zerstörerischen Verstand geben. Erst wenn du deine innere Fähigkeit entwickelt hast, kannst du dieses wechselseitige Atmen zehn oder fünfzehn Minuten lang machen.

Pranayama ist eine traditionelle Yoga-Disziplin mit vielen strengen, komplizierten Atemübungen. Dabei ist eine Übungsdauer von zehn bis fünfzehn Minuten oder einer halben Stunde angebracht. Doch *Pranayama* ist gefährlich, wenn du keinen

Lehrer hast, der dich bei jedem Schritt leitet. Wenn du die Übungen unsachgemäß durchführst, kannst du an Tuberkulose erkranken. In Indien haben sich viele Menschen diese Krankheit zugezogen, weil sie die Übungen ohne die richtige Führung praktiziert haben. Doch die Übungen, die ich dir beschrieben habe – der eins-vier-zwei Rhythmus und das wechselseitige Atmen – sind sehr einfach und gleichzeitig sehr wirkungsvoll. Sie werden deine Lungen niemals schädigen.

Meditation: Man-Perfection in God-Satisfaction

Singen von Mantras

Es ist am besten, AUM laut zu singen,
so dass sein Klang sogar in unseren
physischen Ohren vibriert und
unseren gesamten Körper durchdringt.
Das wird deinen äußeren Verstand überzeugen
und dir ein stärkeres Gefühl
der Freude und Erfüllung vermitteln.
Wenn du AUM laut singst,
sollte der "M"-Klang
mindestens dreimal so lang
wie der "AU"-Klang sein.

Meditation: Man-Perfection in God-Satisfaction

III.
Singen von Mantras

Wie ein Engel kam Meditation,
um seinen Verstand zu erhellen,
um sein Herz zu befreien,
um sein Leben unsterblich werden zu lassen.

Wenn du nicht in deine tiefste Meditation eintauchen kannst, weil dein Verstand unruhig ist, ist das eine Gelegenheit, ein Mantra zu verwenden. Du kannst für einige Minuten "Supreme" oder "AUM" oder "Gott" wiederholen. Ebenso kannst du, wenn du auf der emotionalen Vitalebene angegriffen wirst und schlechte Gedanken oder falsche Schwingungen in dich eintreten, "AUM" oder den Namen des Supreme wiederholen. Versuche, es in diesem Fall so schnell wie möglich zu sagen. Wenn du deinen Verstand von Unreinheiten befreien willst, musst du so schnell chanten, als ob du einem fahrenden Zug hinterherlaufen würdest, um ihn noch zu erreichen. Wiederhole bei regelmäßigem Japa das Mantra auf normale, aber seelenvolle Weise, ohne es zu sehr in die Länge zu ziehen. Es würde sonst zuviel Zeit in Anspruch nehmen, es fünfhundert oder sechshundert Mal aufzusagen.

Meditation: Man-Perfection in God-Satisfaction

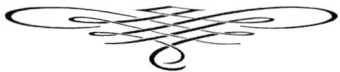

Es gibt viele Arten, AUM zu singen. Wenn du laut chantest, fühlst du die Allmacht des Supreme. Wenn du es sanft chantest, fühlst du die Wonne des Supreme. Wenn du es lautlos chantest, fühlst du den Frieden des Supreme.

Alles, was Gott hat, und alles, was Gott innen und außen ist, kann dir dieses Mantra geben, denn AUM ist zugleich das Leben, der Körper und der Atem Gottes.

Meditation: Man-Perfection in God-Satisfaction

Wenn du eine umfassende Reinigung deines Wesens erreichen möchtest, dann kann Japa sehr wirkungsvoll sein. Du musst aber systematisch vorgehen, Schritt für Schritt. Wiederhole heute "AUM", "Supreme" oder ein Mantra, das dir dein Meister gegeben hat, fünfhundert Mal. Wiederhole es dann morgen sechshundert Mal, übermorgen siebenhundert Mal und so weiter, bis du nach einer Woche eintausendzweihundert erreichst. Verringere dann die Anzahl der Wiederholungen, bis du wieder bei fünfhundert bist. Auf diese Weise kannst du den Baum hinaufklettern und dann wieder heruntersteigen.

Fahre mit dieser Übung fort, Woche für Woche, einen Monat lang. Ob du deinen Namen ändern möchtest oder nicht, die Welt wird dir einen neuen Namen geben: "Reinheit". Einige meiner Schüler haben diese Übung gemacht, und ich muss sagen, dass sie eine beträchtliche Läuterung ihres Wesens und ihrer emotionalen Probleme erreicht haben.

Meditation: Man-Perfection in God-Satisfaction

Wenn es für dich schwierig ist, die Übungen auf einmal zu machen, kannst du sie aufteilen. Du kannst sie auf zehn Male aufteilen, indem du das Mantra nur jeweils fünfzig Mal wiederholst. Wenn du im Laufe des Tages zehn Gläser Wasser trinken möchtest, jedoch alle zehn Gläser auf einmal trinkst, fürchtest du, dir den Magen zu verderben. Daher wirst du sie nicht auf einmal trinken. Doch wenn du immer im Abstand von ein oder zwei Stunden ein Glas trinkst, kannst du leicht zehn Gläser

Wasser trinken. So kannst du hier, anstatt auf einmal AUM fünfhundert Mal zu chanten, es am frühen Morgen fünfzig Mal wiederholen. Nach einer Stunde versuchst du es weitere fünfzig Mal. Wenn du jede Stunde AUM fünfzig Mal wiederholst, wird es jedesmal nicht länger als ein oder zwei Minuten dauern. Da du leicht zwei Minuten in einer Stunde erübrigen kannst, wird es dir nicht schwer fallen.

Wenn du ein eigenes Mantra hast, kannst du es leicht fünfzig Mal in der Stunde aufsagen. Das kann nicht länger als zwei oder drei Minuten dauern, und jeder kann Gott drei Minuten schenken. Es kommt nicht darauf an, wie viele Stunden hintereinander du es wiederholen kannst, sondern wie seelenvoll du es tust.

Sri Chinmoy Speaks 5, S. 54 - 55

Wenn du "AUM" chantest, stelle dir bitte vor, dass Lebensenergie, göttliche Energie durch dein Scheitelzentrum in dich einströmt. Der Atem, den du durch deine Nase einatmest, ist sehr begrenzt. Wenn du dir jedoch vorstellen kannst, dass am Scheitel deines Kopfes eine große Öffnung ist und dass Lebensenergie, kosmische Energie durch diese Öffnung in deinen Körper einströmt, wirst du sicherlich in der Lage sein, die Reinigung deines Wesens zu beschleunigen und dein Streben und deinen Hunger nach Gott, nach Wahrheit, Licht und Seligkeit zu verstärken.

Bitte wiederhole innerlich das Wort "Liebe, Liebe, Liebe" höchst seelenvoll. Während du das Wort "Liebe" höchst seelenvoll aussprichst, fühle bitte, dass dieses Wort in den tiefsten Winkeln deines Herzens widerhallt: "Liebe, Liebe, Liebe".

Wenn du mit dem Begriff des Friedens, göttlichen Friedens mehr anfangen kannst, chante bitte innerlich das Wort Frieden, oder wiederhole es für dich. Versuche, den kosmischen Klang, den dieses Wort verkörpert, zu hören. Das Wort "Frieden" wird ein Samenlaut[*] sein, der in der Tiefe deines Herzens widerhallt. Wenn du Licht möchtest, dann wiederhole bitte das Wort "Licht, Licht, Licht". Während du dieses Wort chantest oder seelenvoll wiederholst, fühle bitte, dass du zu diesem Wort oder zu dieser göttlichen Eigenschaft geworden bist. Fühle bitte, dass dein ganzes Wesen, vom Scheitel deines Kopfes bis zu den Zehenspitzen, Liebe oder die Eigenschaft, die du wiederholst, geworden ist. Alle deine Nerven, dein subtiler Körper, dein physischer Körper, alles, alles wird von Liebe durchflutet. Die Eigenschaft hat diese magische Kraft.

Liebe. Frieden. Licht. Seligkeit. Du wählst die göttliche Eigenschaft, die du in dir haben und zu der du werden willst.

Aum, Oktober 1976

[*] *Bija-Mantra: eine Silbe und ein Klang, die den Keim oder Samen für die Entwicklung einer bestimmten Bewusstseinsqualität im Praktizierenden legt*

Es gibt verschiedene Arten, AUM zu chanten. Wenn wir AUM mit der ungeheuren Kraft der Seele chanten, treten wir tatsächlich in die kosmische Schwingung ein, wo die Schöpfung vollkommene Harmonie ist und wo der kosmische Tanz vom Absoluten getanzt wird. Wenn wir AUM seelenvoll chanten, werden wir eins mit dem kosmischen Tanz. Wir werden eins mit Gott dem Schöpfer, Gott dem Erhalter und Gott dem Wandler.

Prayer-World, Mantra-World, Japa-World

Auch wenn du dein Mantra, dein Japa und deine Meditation vom gleichen Meister erhalten hast, solltest du sie zu drei unterschiedlichen Zeiten üben, da die Kräfte dieser Übungen nicht zusammenpassen. Am Morgen kannst du, wenn du willst, ein bestimmtes Mantra wiederholen; am Abend kannst du Japa üben, und zu einer anderen Zeit kannst du meditieren. Sonst wirst du dich während der Meditation auf einmal inspiriert fühlen, Japa zu üben oder ein bestimmtes Mantra zu chanten. Du wirst nur deine Strebsamkeit zerstören. Japa und Mantren haben ihre eigene bedeutende Kraft. Aber in der höchsten Art der Meditation, wenn dein inneres Wesen mit Gott kommuniziert, gibt es keinen Gedanken, keine Vorstellung. Dein Verstand ist ruhig und still. Also sollte es dabei kein Mantra oder Japa geben.

Was mich betrifft, so lege ich bei denen, die meinem Pfad folgen, keinen so großen Wert auf Mantren. Wenn aber ein Schüler ein Mantra üben will, rate ich ihm, den Namen Gottes – Supreme – zu wiederholen oder AUM zu chanten. Sonst kann er, wenn er diese göttlichen Worte nicht wiederholen möchte, den Namen seiner eigenen Seele wiederholen. Einigen Schülern habe ich spirituelle Namen gegeben, die Namen ihrer Seele. Wenn du den Namen deiner eigenen Seele wiederholen kannst, versichere ich dir, dass du all deine göttlichen Eigenschaften zum Vorschein bringen und mit göttlicher Kraft aufgeladen wirst. Wenn du aber nur den Namen wiederholst, den dir deine Eltern gegeben haben, wirst du nichts erreichen. Angenommen, dein amerikanischer Name ist Warren. Wenn du fortwährend "Warren, Warren, Warren" wiederholst, glaube ich nicht, dass daraus etwas Göttliches resultieren wird. Wenn du aber den spirituellen Namen, den ich dir gegeben habe, auch nur zehnmal langsam wiederholst, wird ein neues fruchtbares Bewusstsein in dir erwachen.

Two Divine Instruments: Master and Disciple

Ich weiß, dass einige von euch zuhause "AUM" und "Supreme" wiederholen. Es ist wundervoll, dass ihr das übt, aber bitte übt es laut und nicht in Stille. Lasst den Klang des Mantras in euren physischen Ohren schwingen und euren gesamten Körper durchfluten.

Prayer-World, Mantra-World, Japa-World

IV.
Das Öffnen des Herzens

Meditiere um Mitternacht
seelenvoll und bedingungslos.
Gott wird dir Seine
Galaxien des Lichts und der Wonne schenken,
damit du sie mühelos nutzen kannst.

Das Öffnen des Herzens

Wenn du dich auf die Spitze deines Fingers, auf eine Kerze oder irgendein anderes materielles Objekt konzentrieren kannst, bist du auch in der Lage, dich auf dein Herz zu konzentrieren. Du kannst die Augen schließen oder an eine Wand schauen, aber betrachte dein Herz die ganze Zeit als einen lieben Freund. Wenn diese Vorstellung so intensiv wird, dass es deine gesamte Aufmerksamkeit in Anspruch nimmt, bist du über gewöhnliches Denken hinausgegangen und in die Konzentration eingetreten. Physisch kannst du dein spirituelles Herz nicht betrachten. Du kannst aber deine gesamte Aufmerksamkeit darauf richten. Dann tritt allmählich die Kraft deiner Konzentration in dein Herz ein und trägt dich vollständig aus dem Bereich deines Verstandes heraus.

Wenn du nicht in reichlichem Maße Reinheit besitzt, wenn zahllose irdische Wünsche von deinem Herzen Besitz ergriffen haben, solltest du, bevor du dich auf dein Herz konzentrierst, Reinheit anrufen. Reinheit ist das Gefühl, einen lebendigen Altar in den tiefsten Winkeln deines Herzens zu besitzen. Wenn du die göttliche Gegenwart eines inneren Altars fühlst, wirst du von selbst gereinigt. Dann wird deine Konzentration auf das Herz höchst wirkungsvoll sein.

Meditation: Man-Perfection in God-Satisfaction

Es gibt eine andere, sehr wirkungsvolle Methode, die jedoch etwas schwierig sein kann. Fühle am Anfang, dass du keine Arme, keine Nase, keine Augen, keine Ohren hast. Du besitzt nichts als dein Herz. Dieses Herz muss sich nicht in der Mitte deiner Brust befinden. Es kann in deiner Stirn oder irgendwo anders sein. Du brauchst nur zu fühlen, dass du das Herz hast und dass du das Herz bist.

Dann, nach einiger Zeit, wirst du dein Herz ausfindig machen. Wie wirst du es ausfindig machen? Dein Bewusstsein wird dir sagen, wo sich das Herz befindet. Die medizinische Wissenschaft wird dies natürlich verneinen und behaupten, dass das Herz sich nur hier in der Brust befinden kann. Für spirituelle Menschen aber kann das Herz überall sein, da das spirituelle Herz der Aufenthaltsort des Lichts ist. Wenn das Göttliche in dir, der Supreme in dir, dir die Anwesenheit von Licht durch dein drittes Auge zeigen möchte, das unendliches Licht und unendliche Kraft ist, dann wird Er dir mitteilen, dass dies das Herz ist. Also wird für dich das dritte Auge der Sitz des Lichts sein. Das be-deutet, dass der Supreme in dir diesen bestimmten Ort aufsuchen und dort verweilen möchte.

Wenn du deine Reise beginnst, solltest du fühlen, dass du das Herz hast und dass du das Herz bist. Dann wird dir dein Bewusstsein nach einiger Zeit klarmachen, wo das Herz ist oder wer das Herz ist. Zu diesem Zeitpunkt wirst du dich auf diesen Punkt konzentrieren und fühlen, dass das der einzige Ort für dich ist, das Herz zu spüren und das Herz zu werden. Das Herz bedeutet Licht, und Licht bedeutet Kraft. Je mehr Licht du besitzt, umso mehr Kraft wirst du haben. Gott ist reines Licht. Darum ist Er alldurchdringend, darum ist Er reine Kraft. Licht und Kraft können nicht voneinander getrennt werden. Hier können wir eine elektrische Lampe sehen, und wir können die

Steckdose sehen, wo sie eingesteckt ist. Wir können sie trennen. Im spirituellen Leben aber können wir Licht nicht von Kraft trennen. Licht selbst ist Kraft. Und was ist Licht? Universelles Einssein.

Creation and Perfection

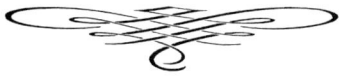

Meditation im Herzen (für Anfänger)

Wenn man mit der Meditation beginnt, sollte man fühlen, dass man ein Kind ist, ganz gleich, wie alt man gemessen an Erdenjahren ist. Der Verstand eines Kindes ist nicht entwickelt. Wenn es zwölf oder dreizehn Jahre alt ist, beginnt sein Verstand auf der intellektuellen Ebene zu arbeiten. Davor aber ist das Kind nur im Herzen. Was immer es sieht, empfindet es als sein eigen. Das Herz kann sich spontan mit etwas identifizieren, das ist sein ganz natürliches Verhalten.

Sobald du fühlst, dass du ein Kind bist, solltest du dir augenblicklich vorstellen, dass du dich in einem Blumengarten befindest. Dieser Blumengarten ist dein Herz. Ein Kind kann stundenlang in einem Garten spielen. Es geht von dieser Blume zu jener Blume, doch es wird den Garten nicht verlassen, da ihm die Schönheit und der Duft jeder Blume Freude bereitet. In dir befindet sich der Garten, und du kannst so lange darin bleiben, wie du willst. Auf diese Weise kannst du auf das Herz meditieren.

Mind-Confusion and Heart-Illumination

56

In dem Augenblick, wo du fühlst, dass du ein Kind bist, kannst du auf das Herz meditieren. Ein Kind wird immer jemanden haben, der sich um es kümmert, auch wenn seine leiblichen Eltern nicht da sind. Gott wird jemanden haben, der sich um das Kind kümmert, da er fühlt, dass das Kind im Augenblick hilflos ist. Wenn ein Kind weint, kommt sofort jemand, um ihm zu helfen. Wenn hingegen eine erwachsene Person weint, ist ihr Weinen nicht unbedingt aufrichtig. Selbst wenn ein Kind nur um ein Bonbon weint, ist es sehr aufrichtig. In diesem Moment ist sein Bonbon für es die ganze Welt. Auch wenn du ihm eine Hundert-Dollar-Note gibst, wird es nicht zufrieden sein – es will nur sein Bonbon. Wenn du fühlst, dass du dich wie ein Kind nach Frieden, Licht und Wahrheit sehnen kannst und dich nur diese Dinge zufrieden stellen werden, dann wird dein inneres Verlangen erfüllt werden.

Mind-Confusion and Heart-Illumination

Versuche zu fühlen, dass sich all deine Stärke, all deine Entschlossenheit und Willenskraft an einem bestimmten Ort befinden, hier in deinem Herzen. Fühle, dass du überhaupt nicht existierst, außer an diesem winzigen Ort. Du hast keine Augen, du hast keine Nase, du hast nichts. Intensität wird nur entstehen, wenn du fühlst, dass dein ganzes Wesen auf einen bestimmten Ort konzentriert und nicht zerstreut ist.

The Hunger of Darkness and the Feast of Light

Fühle nun bitte, dass du an der Tür deines Herzens stehst und dass du deine Freunde – Liebe, Frieden, Licht, Glückseligkeit, Kraft und andere Freunde, die du verehrst und schätzt – gebeten hast, einzutreten. Du wirst an der Tür deines Herzens stehen und auf ihre Ankunft warten. Wenn du sie kommen siehst, wirst du sie bitte einlassen. Wenn aber andere kommen, die du nicht eingeladen hast, erlaube ihnen nicht einzutreten. Kompliziertheit, Unaufrichtigkeit, Unreinheit, Unsicherheit, Zweifel, Eifersucht und andere negative Kräfte sind alle ungebetene Gäste. Wenn du sie an der Tür zu deinem Herzen siehst, lass sie bitte nicht eintreten. Fühle bitte, dass Liebe eine menschliche Gestalt angenommen hat, dass Frieden eine menschliche Gestalt angenommen hat, dass Licht eine menschliche Gestalt angenommen hat, dass Glückseligkeit eine menschliche Gestalt angenommen hat. Ebenso haben Eifersucht, Unsicherheit, Zweifel, Unreinheit, Kompliziertheit und andere negative Kräfte menschliche Züge und Formen angenommen – du kannst sie mit deinen menschlichen Augen sehen. Erlaube also bitte deinen eingeladenen Freunden einzutreten. Diejenigen aber, die nicht deine Freunde sind, die ungebeten sind, werden gezwungen sein, draußen zu bleiben. Es wird ihnen nicht gestattet, durch die Tür deines Herzens einzutreten. Wenn du jeden Tag auch nur an einen einzigen Freund denken kannst und diesen Freund einlädst, an deiner Herzenstür zu stehen, wird dies der Beginn einer göttlichen Freundschaft sein. Sage dir: "Heute werde ich nur meinem Freund Liebe erlauben einzutreten und sonst niemandem. Morgen werde ich meinem Freund Freude erlauben einzutreten, und übermorgen werde ich meinem Freund Frieden einladen hereinzukommen." Du kannst auch sagen: "Ich habe mich erheblich weiterentwickelt. Ich habe die Fähigkeit, mehr als einen Freund einzuladen. Ich werde zweifellos alle meine Freunde – Liebe,

Freude, Frieden, Licht und Glückseligkeit – einladen. Bis jetzt hatte ich nicht die Möglichkeit, mehr als einen Freund auf einmal zu nähren. Daher konnte ich nur einen Freund einladen. Nun kann ich alle meine göttlichen Freunde einladen und ihnen erlauben, in mein Herzenszimmer zu treten.

Aum, Oktober 1976

Frage: Seit ich zu meditieren begonnen habe, fühle ich nach ein paar Minuten immer eine gewisse Spannung in meinem Kopf. Manchmal ist das sehr störend.

Sri Chinmoy: Fühle in diesem Fall bitte, dass du keinen Kopf und keine Stirn besitzt. Fühle, dass du nur ein Herz besitzt. Versuche, deine ganze Aufmerksamkeit auf dein Herz zu lenken. Du gehörst zum Herzen; dort ist dein Bewusstsein, nicht im Kopf. Versuche, dich ruhig auf dein Herz zu konzentrieren, auf nichts anderes. Du kannst auch einen Spiegel vor dir aufstellen und auf diese Art dein Herz betrachten, wenn du es schwierig findest, dich innerlich auf dein Herz zu konzentrieren. Zudem kannst du mein Bild betrachten und, anstatt auf mein drittes Auge zu schauen, mein Herz betrachten. Betrachte entweder dein Herz – mit oder ohne Spiegel – oder betrachte mein Bild und fühle mein Herz, je nachdem, was dir mehr zusagt. Diese Spannung stellt sich ein, weil du auf die falsche Stelle meditierst. Du meditierst im Verstand, was auf unserem Weg nicht ratsam ist.

Aum, März 1977

Stell dir vor...

Stelle dir etwas sehr Weites, Stilles und Ruhiges vor.
Fühle zu Beginn der Meditation, dass sich in dir
ein weites Meer befindet und dass du auf den Grund
des Meeres getaucht bist, wo alles still ist.
Wenn du dich mit diesem weiten Meer,
dieser Flut von Stille, identifizieren kannst,
wird es ganz leicht für dich sein,
zu meditieren.

Meditation: Man-Perfection in God-Satisfaction

V.
Visualisierungen

Wie sollst du die spirituelle Energie,
eie du in der Meditation erhältst, gebrauchen?
Gebrauche nicht alles auf einmal.
Es ist wie mit deinem schwer verdienten
irdischen Reichtum.
Wenn du sie schätzt und schützt,
wirst du in der Lage sein, sie zu Gottes
auserwählter Stunde hervorzubringen,
um Gott auf Seine eigene Weise zu erfreuen.

Visualisierung

Stelle dir bitte in deinem Herzen eine Blume, eine Rose vor. Fühle, dass die Rose noch nicht voll erblüht ist, sie besitzt noch die Form einer Knospe. Nachdem du zwei oder drei Minuten meditiert hast, versuche dir vorzustellen, dass die Rose sich Blütenblatt um Blütenblatt öffnet. Betrachte sie und spüre, wie die Rose sich Blütenblatt um Blütenblatt in deinem Herzen entfaltet. Versuche dann, nach fünf Minuten zu fühlen, dass das Herz überhaupt nicht existiert, es gibt nur eine Blume in dir, die "Herz" genannt wird. Du hast kein Herz, sondern nur eine Blume. Die Blume ist zu deinem Herzen geworden, oder dein Herz ist zu einer Blume geworden. Fühle bitte nach sieben oder acht Minuten, dass das Blumenherz oder die Herzensblume deinen gesamten Körper durchdrungen hat. Dein Körper existiert nicht länger. Von Kopf bis Fuß nimmst du den Duft der Rose wahr. Wenn du deine Füße betrachtest, riechst du sofort den Duft einer Rose. Wenn du dein Knie betrachtest, riechst du den Duft einer Rose. Wenn du deinen Kopf betrachtest, riechst du den Duft der Rose. Überall spürst du die Rose. Die Schönheit, der Duft und das Licht der Rose haben deinen ganzen Körper durchdrungen. Sobald du fühlen kannst, dass du vom Kopf bis zu den Füßen zur Schönheit, zum Duft, zum Licht und zur Seligkeit der Rose geworden bist, bist du bereit, dich selbst zu Füßen des Supreme zu legen, der mein Guru, dein Guru, jedermanns Guru ist. Du fühlst: "O höchster Herr, nun lege ich mich Dir zu Füßen." Danach ist deine Meditation vorbei.

The Meditation-World

Meditation ist so, als würde man auf den Grund des Meeres tauchen, wo alles ruhig und still ist. Auf der Oberfläche mag es vielleicht eine Vielzahl von Wellen geben, das Meer darunter bleibt davon jedoch unberührt. In seinen tiefsten Tiefen ist das Meer vollkommene Stille. Wenn wir zu meditieren beginnen, versuchen wir zuerst, unser inneres Wesen, unser wahres Wesen – sozusagen den Grund des Meeres – zu erreichen. Wenn dann die Wellen aus der äußeren Welt kommen, werden wir davon nicht berührt. Angst, Zweifel, Sorge und aller irdischer Aufruhr werden einfach weggespült, da in uns solider Frieden herrscht. Gedanken können uns nicht berühren, da unser Verstand reiner Frieden, reine Stille, reines Einssein ist. Diese sind dann wie Fische im Meer, die springen und schwimmen, doch sie hinterlassen keine Spuren. Wenn wir uns also in unserer höchsten Meditation befinden, fühlen wir, dass wir das Meer sind und uns die Tiere des Meeres nichts anhaben können. Wir können auch fühlen, dass wir der Himmel sind und alle vorbei fliegenden Vögel uns nichts anhaben können. Unser Verstand ist der Himmel, und unser Herz ist das unendliche Meer. Das ist Meditation.

Meditation: Man-Perfection in God-Satisfaction

Meditationsübung: Weite des Himmels

Nun werden wir meditieren. Lass bitte deine Augen halb geöffnet und stell dir den weiten Himmel vor. Fühle zu Beginn, dass der Himmel sich vor dir befindet. Versuche anschließend zu fühlen, dass du so weit wie der Himmel bist oder dass du selbst der weite Himmel bist.

Schließe bitte nach einigen Minuten die Augen und versuche, den Himmel in deinem Herzen zu sehen und zu spüren. Bitte fühle, dass du das universelle Herz bist und sich in dir der Himmel befindet, auf den du meditierst und mit dem du dich identifiziert hast. Dein spirituelles Herz ist unendlich viel weiter als der Himmel, so dass du den Himmel leicht in dir bergen kannst.

Meditation: Man-Perfection in God-Satisfaction

Wenn du meditieren möchtest, denke an etwas sehr Weites – den Himmel, das Meer, die Berge – und werde eins mit der Weite, die reine Kraft ist.

Creation and Perfection

Wenn Energie auf eine sehr überschwengliche Art und Weise kommt, lass sie von deinen Zehenspitzen bis zum Scheitel deines Kopfes wie einen Fluss fließen. Versuche nicht, sie zu halten. Lass nicht zu, dass sie sich an einem bestimmten Platz sammelt. Lass sie die Form flüssiger Energie annehmen. Du wirst merken, dass du von selbst wieder ruhig und still wirst. Indem du bewusst versuchst, die Energie in dir von einer Stelle zu einer anderen fließen zu lassen, wirst du fähig sein, dich an dieser göttlichen Energie zu erfreuen.

Aum

Versuche bitte in deiner Meditation zu fühlen, dass der Fluss der Meditation ohne Gewalt oder Anstrengung durch dich hindurchfließt. Lass das göttliche Bewusstsein durch dich hindurchfließen. Dieser Fluss ist wirkliche Meditation, die du sehr oft erlebt hast. Du kannst immer eine wirkliche Meditation haben, wenn du dem Bewusstseinsfluss gestattest, in dir und durch dich zu fließen.

Meditation: God's Blessing-Assurance

Gleich nach der Meditation solltest du fühlen, dass das Licht des Herzens wie ein Fluss ist, der zu allen Teilen deines Wesens fließt. Das Wasser des Bewusstseins, der Bewusstseinsfluss hat eine höchst zufriedenstellende Art gefunden, in die anderen Teile deines Wesens zu fließen. Daher wird es überhaupt keine Furcht oder Angst geben. In diesem Augenblick wirst du ein verbindendes Element zwischen deinem Herzen und den anderen Teilen deines Wesens fühlen.

Wenn du also meditierst, versuche meditiere auf das Herz zu meditieren. Versuche dann, den Frieden, das Licht und den Segen des Herzens durch dein ganzes Wesen dringen zu lassen. In deinem Herzen besitzt du Frieden, der wie eine Blume Blütenblatt für Blütenblatt erblühen muss – hier, dort, überall. Dann hast du eine Blume des Friedens, deren Blütenblätter in allen Teilen deines Wesens erblüht sind.

Ego and Self-Complacency

Versuche dir bitte vorzustellen, dass aus deinem Herzzentrum eine weiße Säule herausragt. Stelle dir vor, dass diese weiße Lichtsäule die Spitze deines Kopfes durchdrungen hat und sich nun etwa sieben Zentimeter über dir befindet. Nun kannst du beginnen zu meditieren. Fühle nach einer Weile, dass du nichts anderes als dieses Licht bist. Fühle, dass es ganz und gar dein eigenes Wesen ist. Wenn du es als dein eigenes Wesen fühlst, werden all deine Probleme zweifellos gelöst werden.

The Hunger of Darkness and the Feast of Light

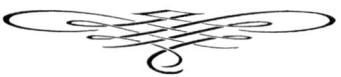

Versuche täglich in deiner Meditation zu fühlen, dass du dich im Herzen Gottes, des inneren Führers, befindest. Obwohl du den Supreme noch nicht gesehen hast, stelle ihn dir mental einfach als ein ganz goldenes menschliches Wesen vor. Stelle dir vor, dass Er genau vor dir steht und du dich in Seinem Herzen, Seinem Schoß oder zu Seinen Füßen befindest. Denke nicht daran, dass du achtzehn, vierzig oder sechzig Jahre alt bist. Nein! Denke, dass du nur einen Monat alt bist und dich tief im Herzen oder im Schoß des Supreme befindest.

God-Journey's Perfection-Return

Frage: Wie meditiert man am besten auf den Mond?

Sri Chinmoy: Wenn du auf den Vollmond meditieren willst, solltest du fühlen, dass dein Bewusstsein in dir vollständig erblüht ist. Der Lotus hat viele Blütenblätter. Du kannst daher an einen voll erblühten Lotus in dir denken und kannst die Schönheit des voll erblühten Lotus bewundern. Wenn du auf den Neumond meditierst, solltest du fühlen, dass sich ein Blütenblatt geöffnet hat und dass es noch viele Blütenblätter gibt, die sich öffnen werden. Hier spürst du wiederum Freude, da du die Hoffnung hast, dass sich, wenn ein Blütenblatt der Blume aufgeblüht ist, sich morgen ein weiteres Blütenblatt öffnen wird und übermorgen noch eines. Auf diese Art wirst du beständigen Fortschritt sehen. Wenn du einmal etwas Fortschritt siehst, fühlst du, dass die Blume bald vollständig erblüht sein wird. Der Vollmond bereitet dir die Freude der Vollendung, und der Neumond bereitet dir Freude durch das Erkennen allmählichen Fortschritts.

Aum, Februar 1977

Kontemplationsübung: Goldenes Wesen

Wir haben uns in Konzentration und Meditation geübt. Nun werden wir kontemplieren. Versuche, dir ein goldenes Wesen vorzustellen, und fühle, dass es unendlich schöner ist als das schönste Kind, das du jemals auf Erden gesehen hast. Dieses Wesen ist unser geliebter Höchster Herr. Du bist ein göttlich Liebender, und das goldene Wesen ist dein geliebter Höchster Herr.

Versuche dir nun vorzustellen, dass dein gesamtes Wesen und auch das deines Geliebten sich auf der Spitze eines Berges im Himalaya oder auf dem Grund des pazifischen Ozeans befinden, je nachdem, was leichter für dich ist. Wenn du dies fühlst, dann lächelst du in Stille.

Fühle dann bitte nach einigen Sekunden, dass du selbst der geliebte Supreme, das goldene Wesen, der göttlich Geliebte bist. Es ist wie ein göttliches Versteckspiel. Wenn du der geliebte Supreme wirst, sucht dich der göttlich Liebende, und wenn du der göttlich Liebende wirst, suchst du deinen geliebten Supreme. Du bist also einen Moment der höchste Liebende und im nächsten Moment der Höchste Herr. Übe dies am Anfang bitte mit halb geöffneten Augen. Später kannst du deine Augen schließen, wenn du willst.

Meditation: Man-Perfection in God-Satisfaction

VI.
Geführte Meditationen

Warum möchte die Seele meditieren?
Die Seele möchte meditieren,
weil sie den Supreme
besser manifestieren möchte.
Die Seele weiß, dass Meditation
die Antwort ist.

Frieden

Über deinem Kopf befindet sich das Scheitelzentrum - man nennt es das *Sahasrara Chakra*. Stell dir vor, dass sich dieses Zentrum siebenmal öffnet – stelle es dir vor, aber zähle nicht. Bei jedem Öffnen beschreibt es einen vollen Kreis. Chante, während es sich dreht, entweder "Friede" oder "AUM" oder "Supreme". Du kannst auch zwei dieser drei Mantren ausprobieren.

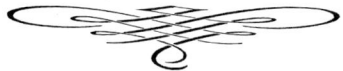

Licht

Stelle dir vor dem dritten Auge eine Scheibe vor. Visualisiere eine sich im Uhrzeigersinn drehende Scheibe und chante siebenmal "Licht", "AUM" oder "Supreme", was immer dir besser gefällt.

Stelle dir dann in dieser sich drehenden Scheibe sieben sehr hell strahlende Flammen vor. Versuche dir vorzustellen, wie ich[*] mit diesen sieben Flammen spiele. Und versuche manchmal zu sehen, dass ich mit diesen kleinen Flammen eins geworden bin, anstatt mit ihnen zu spielen.

[*] *Ich, d.h. Sri Chinmoy, der Meister derjenigen Sucher, mit denen Sri Chinmoy diese Meditation durchführte.*

Seligkeit

Wir meditieren jetzt auf das Herzzentrum, das ist der Ort, woher der klanglose Klang – *Anahata Nada* – kommt. Stelle dir bitte eine Scheibe vor, die sich um dein Herzzentrum dreht. Wiederhole nun "Glückseligkeit", "AUM" oder "Supreme". Visualisiere in diesem Kreis, in deinem Herzen, einen unendlichen Blumengarten. Versuche in diesem großen Garten einen wunderschönen, sehr großen Teich zu sehen. Das Wasser des Teiches hat eine silberne Farbe. Du schwimmst in diesem Teich, tauchst und tust alle möglichen Dinge, die dir Freude bereiten. Auf dem Teich erblickst du nun ein goldenes Boot. Steige in dieses goldene Boot und versuche dir, während du hinein steigst, vorzustellen, dass dein ganzes Wesen vollkommen golden geworden ist.

Aum, April 1980

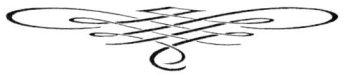

Besondere Meditation
für Sucher unter 30 Jahre

Wir werden unsere Aufmerksamkeit nun auf verschiedene Stellen richten. Wenn wir uns auf den Scheitel unseres Kopfes konzentrieren, werden wir uns eine Muschel vorstellen. Und wenn wir unsere Konzentration auf den Verstand richten, werden wir uns eine wunderschöne Rose vorstellen. Wenn unsere Konzentration dann im Herzen ist, werden wir uns einen schönen Lotus vorstellen. Und wenn sie im Nabelbereich ist, werden wir uns einige Jasminblüten vorstellen.

Eine Muschel symbolisiert göttlichen Sieg. Wenn wir auf die Spitze unseres Kopfes, auf das Scheitelzentrum, meditieren, wird uns das helfen, die Muschel zu blasen, um den göttlichen Sieg erklingen zu lassen. Wenn wir dann auf den Kopf selbst, den Verstand, meditieren, werden uns die Schönheit und der Duft der Rose helfen, unser unerleuchtetes menschliches Leben zu erleuchten. Wenn wir im Herzen meditieren, werden uns die Schönheit und der Duft des Lotus helfen, uns mit unserer Seele zu identifizieren. Wenn wir dann auf den Nabelbereich meditieren, werden uns die Jasminblüten helfen, unser unreines physisches System zu reinigen.

Am besten ist es, mit dem Nabelbereich zu beginnen. Meditiere also bitte einige Sekunden lang auf den Nabelbereich. Stelle dir eine Jasminblüte vor und schaffe Reinheit. Der Jasmin symbolisiert Reinheit. Gehe dann zum Herzzentrum. Stelle dir dort einen Lotus vor und identifiziere dich mit deiner Seele. Wenn du dann zum Kopf kommst, stelle dir bitte eine Rose vor und er-leuchte dein unerleuchtetes menschliches Leben. Gehe dann zur Spitze deines Kopfes und stelle dir eine Muschel, den göttlichen Sieg vor. Stelle dir vor, dass sie den göttlichen Sieg ankündigt, deinen Sieg.

Besondere Meditation
für Sucher über 30 Jahre

Wir werden unsere Konzentration zuerst auf das Herz richten, dann auf das dritte Auge und dann auf den Kopf. Während wir uns im Herzen konzentrieren, werden wir uns ein goldenes Boot vorstellen. Wenn wir uns auf das dritte Auge konzentrieren, werden wir uns den Himmel vorstellen. Und während wir uns auf die Spitze unseres Kopfes, auf das Scheitelzentrum konzentrieren, werden wir uns die Sonne vorstellen. Das Boot ist dein eigenes Ewigkeitsboot, der Himmel ist deine Selbstausdehnung in die Unendlichkeit, und die Sonne ist deine eigene neue Schöpfung der Unsterblichkeit.

Lasst uns also mit dem Boot beginnen. Wir wollen uns das Boot im Herzen vorstellen. Dieses Boot wird unser Ewigkeitsboot sein, unser Ewigkeitsboot, das in uns segelt. Und dann, wenn wir auf das dritte Auge meditieren, wollen wir uns den Himmel und unsere eigene Unendlichkeit vorstellen. Wir werden unsere eigene Ausdehnung in die Unendlichkeit beobachten. Dann werden wir auf das Scheitelzentrum meditieren und uns die Sonne vorstellen, die unsere eigene neue Schöpfung der Unsterblichkeit ist.

United Nations Meditation-Flowers and Tomorrow's Noon

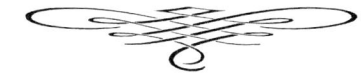

Konzentration, Meditation und Kontemplation auf das dritte Auge

Nun werden wir uns auf das dritte Auge konzentrieren. Das dritte Auge befindet sich zwischen den Augenbrauen und ein wenig darüber. Auf diesen Punkt werden wir uns konzentrieren, werden wir meditieren und kontemplieren.

Während der Konzentration stellen wir uns einige Minuten lang im dritten Auge eine brennende goldene Flamme vor. Was wir Vorstellung nennen, ist in Wirklichkeit eine reale Existenz, eine eigene Welt für sich. Konzentrieren wir uns also, und während der Konzentration stellen wir uns in unserem dritten Auge brennende Flammen vor. Atmet dabei bitte so langsam und so ruhig wie möglich. Versucht beim Einatmen zu fühlen, dass ihr nicht durch die Nase, sondern durch die Stirn einatmet. Beim Ausatmen atmet ihr auch durch die Stirn. Fühlt dann bitte die Gegenwart von brennenden Flammen in eurer Stirn, genau im dritten Auge.

Nun wollen wir auf das dritte Auge meditieren. Auch bei dieser Übung atmen wir durch unsere Stirn ein und aus. Stellt euch nun entweder die äußere Sonne vor, wie ihr sie mit bloßen Augen sehen könnt oder die innere Sonne vor, die unendlich viel strahlender ist als der Planet Sonne. Stellt euch bitte mindestens eine Sonne in eurer Stin, in euremdritten Auge vor. Visualisiert innerhalb dieser Sonne unzählige Flammen oder Lichtstrahlen. Haltet diesmal bitte die Augen vollständig geöffnet, so dass ihr die Weite der Sonne gemeinsam mit ihrem Licht und ihrer Kraft fühlen könnt.

Und nun werden wir kontemplieren. Aus spiritueller Sicht ist Kontemplation die süßeste Form untrennbaren Einsseins. Dieses Einssein ist das Einssein des göttlichen Liebenden mit dem erhabenen Geliebten. Das Einssein, das zwischen dem göttlich Liebenden und dem erhabenen Geliebten besteht, nennt man Kontemplation. Aufgrund von Kontemplation, reiner Kontemplation, beginnen wir zu erfahren, dass wir nicht nur göttliche Sucher sind, sondern auch göttlich Liebende, und dass Gott unser erhabener Geliebter ist. Wir sind wie kleine Tropfen, während Gott das Meer ist. Unzählige Tropfen bilden das Meer, und das Meer besteht wiederum aus Tropfen. Stellt euch zuerst Flammen und dann die Sonne selbst vor. Wenn wir richtig kontemplieren können, werden wir eins mit Gott selbst werden. Wenn die Sucher, die Gott-Liebenden und Gott gemeinsam spielen, singen und tanzen, singt Gott das Lied der Vielfalt in der Einheit. Wenn der Eine Absolute in Seinem transzendenten Aspekt verweilt und die Sucher und Gott-Liebenden sich Ihm nähern, singt Gott das Lied der Einheit in der Vielfalt. Kontemplieren wir also auf das dritte Auge. Fühlen wir zunächst einige Minuten lang, dass wir die Flammen des Liebenden sind; anschließend fühlen wir, dass wir die Sonne des Geliebten sind. So werden wir unsere jeweiligen Rollen vertauschen.

Aum, Januar 1977

"Mein höchster Herr, ich bin ein wirklicher Anfänger, ich brauche deinen Rat."

"Mein ewiges Kind, bevor ich deinen Wunsch erfülle, lass mich zuerst Meinen Wunsch erfüllen. Ich bin dir höchst dankbar. Ich bin sehr stolz auf dich, da du dir heute bewusst bist, was du sagst, und du dir bewusst bist, was du tun wirst. Heute ist ein sehr wichtiger Tag, sowohl in deinem als auch in Meinem Leben. Dein ist das Herz des spirituellen Strebens, und Mein ist das Herz der Hingabe. Meditation ist ein göttlicher Ball, mit dem ein Sucher ewig spielt, und Spiritualität ist ein weites, unendliches Feld. Nun möchte ich Meinem auserwählten Instrument einige Ratschläge geben.

Sei einfach. Mein Rat gleich zu Beginn: Sei einfach. Einfachheit schenkt uns Frieden im Verstand. Ein Kind ist einfach. Denke und fühle von nun an, dass du einen weiteren Namen hast. Dieser Name ist Einfachheit.

Sei aufrichtig. Es ist deine Aufrichtigkeit, die Mich als dein eigen, ganz dein eigen, beanspruchen kann. Es ist deine Aufrichtigkeit, die dich fühlen lassen kann, dass du von Mir bist und Ich ständig für dich bin.

Sei rein. Es ist dein reines Herz, das dich jeden Augenblick fühlen lassen kann, dass Ich in dir wachse, dass Ich in dir erstrahle, dass Ich mich in dir erfülle.

Sei sicher. Sei sicher, dass das, was du tust, völlig richtig ist. Meditation ist das einzig Richtige. Zu meditieren bedeutet, Mich auf Meine Weise zu erfreuen. "

"Mein geliebter Höchster Herr, ich werde meditieren, ich meditiere."

Meditation auf Einfachheit, Aufrichtigkeit, Reinheit und Sicherheit

Wiederholt bitte in Stille in eurem Verstand, in eurem Kopf das Wort "Einfachheit". Wir legen dabei unsere Hand auf den obersten Teil des Kopfes, auf das Sahasrara Chakra oder Scheitelzentrum. Wiederholt dabei bitte in Stille siebenmal das Wort "Einfachheit" und konzentriert euch nur auf diese eine Stelle eures Kopfes.

Wiederholt nun bitte in Stille siebenmal seelenvoll "Aufrichtigkeit". Konzentriert euch dabei auf euer Herz und wiederholt bitte siebenmal in Stille "Aufrichtigkeit".

Wiederholt nun bitte das Wort "Reinheit" in eurem Nabelzentrum oder in der Gegend um euren Nabel. Bitte wiederholt siebenmal in Stille das Wort "Reinheit" höchst seelenvoll.

Nun meditiert bitte auf das dritte Auge, auf den Punkt eurer Stirn zwischen den Augenbrauen, etwas leicht darüber. Wiederholt dabei bitte das Wort "Sicherheit" siebenmal.

(Sri Chinmoy legt den Mittelfinger seiner rechten Hand auf das dritte Auge, das Ajna Chakra)

Wiederholt hier bitte siebenmal in Stille das Wort "Sicherheit".

Legt nun bitte eure Hand hier auf den Scheitel eures Kopfes und sagt einfach dreimal: "Ich bin einfach, ich bin einfach, ich bin einfach".

Nun legt bitte eure Hand hier auf euer Herz und sagt einfach dreimal: "Ich bin aufrichtig, ich bin aufrichtig, ich bin aufrichtig".

Legt nun bitte eure Hand auf den Nabel und sagt einfach dreimal: "Ich bin rein, ich bin rein, ich bin rein".

Nun legt eure Hand hier auf das dritte Auge und sagt dreimal: "Ich bin sicher, ich bin sicher, ich bin sicher".

Aum, Oktober 1976

Meditation auf eine Blume

(alle Anwesenden haben eine Blume erhalten)

Wie wir alle wissen, symbolisiert eine Blume Schönheit. Schönheit ist Einfachheit. Schönheit ist Aufrichtigkeit. Schönheit ist Demut. Schönheit ist Reinheit. Schönheit ist Göttlichkeit.

Einfachheit ist die Seele, und die Seele ist der direkte Vertreter Gottes. Lasst uns nun für einige Minuten fühlen, dass wir weder einen Körper, noch ein Vitales, noch einen Verstand, ja nicht einmal ein Herz haben. Was wir jetzt haben und was wir sind, ist allein die Seele, der direkte Vertreter Gottes. Versucht bitte zu fühlen, dass ihr zur Seele geworden seid. Gebt dieser Idee keine Gestalt. Wiederholt einfach im stillen "Seele, Seele, Seele" und fühlt, dass ihr ein bewusster und direkter Vertreter Gottes geworden seid.

Aufrichtigkeit. Wir alle wissen, was Aufrichtigkeit ist. Die Wahrheit zu sagen, ist auf der physischen, vitalen und mentalen Ebene die höchste Form von Aufrichtigkeit. Es ist eine Handlung in der äußeren Welt. In der inneren Welt bedeutet Aufrichtigkeit, die Wahrheit durch Gottes Augen zu sehen, die Wahrheit durch Gottes Herz zu fühlen, in die Wahrheit von Gottes transzendenter Schau und universeller Wirklichkeit zu wachsen. Das ist innere Aufrichtigkeit. Lasst uns nun fühlen, dass wir in innere Aufrichtigkeit gewachsen sind und dass wir alles durch Gottes Augen sehen, alles durch Gottes Herz fühlen und zu Gottes transzendenter Schau und universeller Wirklichkeit werden. Lasst uns zu innerer Aufrichtigkeit werden.

In der inneren Welt erinnert uns Demut ständig daran, was wir früher waren, was wir jetzt sind und was wir sein werden. Aufgrund von Demut haben wir das spirituelle Leben begonnen. Demut ist darauf bedacht, das Spiel zu vollenden.

Es ist Demut, die in uns das Bestreben nährt, Wissen zu erlangen und in höhere Wirklichkeiten hineinzuwachsen. Alles liegt in uns. Aber gerade weil wir demütig sind, erhalten die höheren Wirklichkeiten die Gelegenheit, sich durch uns zu erfüllen. Lasst uns einige Minuten auf unsere aufrichtige innere Demut meditieren.

Reinheit. In weiterem Sinne ist physische Reinheit Sauberkeit. Vitale Reinheit ist ein offenes Herz, und mentale Reinheit ist die Abwesenheit von ungöttlichen und ungesunden Gedanken. Innere Reinheit ist unser Dankbarkeitsherz. Wenn wir wirklich wissen wollen, was Reinheit ist, kann uns unser Dankbarkeitsherz sagen, was sie ist. In der inneren Welt ist Dankbarkeit die einzige Reinheit. Nur durch Dankbarkeit, ständige Dankbarkeit gegenüber dem Supreme in uns dehnen wir unser Bewusstsein aus und erfahren unsere höhere Schau und Wirklichkeit. Wenn wir einen Samen der Dankbarkeit säen können, der keimt und zu einer kleinen Pflanze heranwächst und schließlich zu einem großen Banyanbaum wird, werden unter diesem Banyanbaum in unserem Dankbarkeitsherzen tausende Sucher Schutz finden und in das Göttliche hineinwachsen können.

Lasst uns nun einige Minuten lang fühlen, dass das, was wir sind und ewig sein werden, nichts anderes ist als ein Dankbarkeitsherz.

Schließlich symbolisiert die Blume das Göttliche. Die sich entfaltende Seele in uns, das innere Göttliche in uns weiß, dass in jeder Sekunde, in der sich das Vitale, der Verstand und der Körper auf die Seite der Wahrheit und des Lichts stellen, eine neue Welt höherer Wahrheit, strahlenderer Göttlichkeit und erleuchtenderer Unsterblichkeit auf Erden heraufdämmert.

Ich möchte allen Suchern sagen, dass das spirituelle Leben das Leben der Seele ist. Wir müssen mit der Seele bewusst eins werden. Warum? Weil nur dann wahre Zufriedenheit in unserem Leben erwachen kann, wenn wir unser Einssein mit der Seele fühlen. Äußere Befriedigung wird uns niemals wirklich erfüllen können. Wahre Erfüllung bedeutet, mit der Seele eins zu sein. Nur wenn wir Gott auf Seine eigene Weise erfüllen, werden wir beständig glücklich sein. Gott ist unsere eigene höchste Wirklichkeit. Je mehr wir auf die Seele in uns hören, desto mehr werden wir in das Höchste in uns hineinwachsen. Und nur dann können wir immerwährend zufrieden sein.

Meditieren wir nun auf das Göttliche, unser eigenes höchstes inneres Göttliches.

Aum, August 1976

VII.
Meditationen auf göttliche Eigenschaften

Von morgen an
wird meine Morgenmeditation
so schön sein wie die Morgendämmerung,
meine Mittagsmeditation
so kraftvoll wie die Sonne
und meine Abendmeditation
so friedvoll wie der Himmel.

Meditation auf göttliche Eigenschaften

Frage: Auf welche göttliche Eigenschaft sollte man zuerst meditieren?

Sri Chinmoy: Wenn du im Schneidersitz oder auf einem Stuhl sitzt und einatmest, solltest du bewusst fühlen, wie ein Strom göttlicher Liebe durch deinen ganzen Körper fließt. Ohne Liebe gibt es keinen Gott und auch keine menschliche Existenz. Du liebst dich, du liebst Gott, du liebst die, die dir nahe stehen, und du liebst die Menschheit als Ganzes. Versuche daher zuerst, den Liebesaspekt Gottes zum Vorschein zu bringen. Sobald du einmal diesen Liebesaspekt in dir gefestigt hast, wirst du feststellen, dass all die anderen Aspekte unweigerlich kommen werden. Liebe ist der Pionier aller göttlichen Eigenschaften. Wenn du dich also von tiefstem Herzen nach Gott sehnst, so fühle Liebe – sofortige, spontane, rückhaltlose, seelenvolle Liebe. Alle anderen göttlichen Eigenschaften Gottes werden unweigerlich dieser göttlichen Liebe folgen.

Meditation: Humanity's Race and Divinity's Grace

Frage: Wie kann ich während des Tages auf göttliche Liebe meditieren?

Sri Chinmoy: Wiederhole bitte jeden Morgen vor deiner Meditation das Wort "Liebe". Wenn du das Wort "Liebe" aussprichst, versuche zu fühlen, dass deine Arme, deine Beine, deine Augen und jeder Teil von dir seine Fähigkeiten verstärkt hat. Wenn du das Wort "Liebe" wiederholst, solltest du fühlen, dass deine Arme stärker geworden sind – nicht, um jemanden zu schlagen, sondern um für die Menschheit zu arbeiten. Konzentriere dich dann auf deine Augen und versuche zu fühlen, dass du deine Augen dazu benutzt, in jedem nur Gutes zu sehen. Wenn du dich auf deine Ohren konzentrierst, versuche zu fühlen, dass du nur gute Dinge, aufmunternde und inspirierende Dinge hören willst. Konzentriere dich jedesmal, wenn du das Wort "Liebe" sagst, auf eines deiner Organe. Versuche, dich danach auf dein inneres Bewusstsein zu konzentrieren. Versuche, nun dein inneres Bewusstsein auszudehnen.

Frage: Wie kann ich mehr Licht erhalten oder es aus meinem Innern zum Vorschein bringen?

Sri Chinmoy: Du möchtest wissen, wie du mehr Licht erlangen kannst oder wie du Licht zum Vorschein bringen kannst. Dies bedarf einer gewissen Vorbereitung: Die Vorbereitung ist deine reine Konzentration, deine reine Meditation. Versuche während deiner Meditation oder Konzentration zu fühlen, dass du vom Licht kommst und im Licht bist. Das ist keine Vorstellung und keine mentale Halluzination. Ganz und gar nicht. Sobald du zu meditieren beginnst, fühle einfach, was du bist. Es ist die wirkliche, solide und konkrete Wahrheit, dass du Licht in dir birgst und dass du das Licht selbst bist. Du wirst feststellen, dass spontan ein Fluss von Licht von innen her zu fließen beginnt. Zuerst wirst du ihn in deinem Herzen fühlen. Dann wirst du ihn in deiner Stirn, im dritten Auge und schließlich überall fühlen.

Es gibt noch eine weitere Übung, um Licht zu sehen. Fühle bitte beim Einatmen, dass du etwas einatmest, das alles reinigt, was in dir gereinigt werden muss, und zugleich alles, was nicht genährt ist, kräftigt. Am Anfang gibt es eine Reihe von Dingen, die gereinigt werden müssen. Wenn du also fühlst, dass du sie nährst, kräftigst und gleichzeitig reinigst, wirst du bemerken, dass Licht etwas ganz Natürliches sein wird.

Meditation: Man's Choice and God's Voice

Konzentration auf bestimmte Chakren, um Frieden zu erlangen

Frage: Auf welches Chakra sollte man sich konzentrieren, um Frieden zu erhalten?

Sri Chinmoy: Es gibt zwei Chakren, die man um Frieden anrufen kann. Das eine ist das Herzchakra, das andere das Scheitelchakra. Wenn wir ins Herzzentrum gehen, wird der Frieden, den wir erhalten, auf unsere irdische Existenz und unsere täglichen Aktivitäten beschränkt sein. Wenn Menschen um uns herum streiten und kämpfen, kann uns das nichts anhaben. Wenn wir aber über dieses Chakra zum Scheitelchakra – auch Sahasrara Chakra oder tausendblättriger Lotus genannt – hinausgehen, werden wir unendlichen, ewigen und transzendenten Frieden erhalten, wenn es sich öffnet, weil dieses Chakra mit der höchsten Höhe verbunden ist.

Frage: Ich dachte, das Scheitelzentrum sei mit Seligkeit verbunden?

Sri Chinmoy: Alle Zentren wirken zusammen. Was ist Seligkeit anderes als die höchste Erfüllung? Auch Frieden kann es nur bei Vorhandensein von Licht und Erleuchtung geben.

Aum, April 1975

Frage: Wie kann man Frieden herabbringen, wenn man nervös und unruhig ist?

Sri Chinmoy: Es gibt zwei Möglichkeiten. Die eine besteht darin, langsam einzuatmen und dabei dreimal sehr langsam "Supreme" zu sagen. Wenn du das aber schwierig findest, kannst du den Supreme so schnell wie möglich anrufen. Furcht oder Unruhe haben ihre eigene Geschwindigkeit. Wenn du Gefahr läufst, von deinem Feind angegriffen zu werden, dann versuche, den Namen des Supreme viel schneller zu wiederholen, als die Geschwindigkeit des Angriffs ist, den du durch Ärger oder Furcht erleidest. Wenn du dies tun kannst, wird der Supreme umgehend deinen Ärger, deine Frustration oder deine Furcht besiegen.

Aum, April 1975

Frage: Gibt es eine bestimmte Farbe, die am besten geeignet ist, um Frieden anzurufen?

Sri Chinmoy: Unter den Farben ist blau die beste, um Frieden anzurufen, da blau Unendlichkeit symbolisiert. Wenn jemand Unendlichkeit hat, ruft er automatisch Frieden an. Es gibt keine besondere Farbe; jede Farbe besitzt Frieden, aber mit blau kann man Frieden am besten anrufen.

Aum, April 1975

Frage: Was sollten wir tun, wenn wir beim Meditieren nicht empfänglich sind, also nur dasitzen und im Moment nicht die Fähigkeit haben, empfänglich zu sein?

Sri Chinmoy: Es gibt viele Möglichkeiten, Empfänglichkeit zu entwickeln oder umgehend Empfänglichkeit zu erlangen. Ich kann dir zwei Möglichkeiten nennen. Eine Möglichkeit wäre, das Wort "Supreme" immer und immer wieder so schnell wie möglich zu wiederholen; genauso schnell wie die indischen Musiker "sa, re, ga, ma, pa, da, ni, sa" sagen. Es muss aber in Stille wiederholt werden. Wähle zuerst eine Stelle in deinem Körper – zum Beispiel dein Scheitelzentrum – und konzentriere dich dort, während du "Supreme" so schnell wie möglich wiederholst. Wähle dann einen anderen Punkt und konzentriere dich dort. Es ist besser, von oben nach unten zu gehen, als von unten nach oben. Du kannst es mit der Stirn, dem Kehlkopfzentrum oder irgendeiner anderen Stelle probieren. Es muss kein psychisches Zentrum sein. Du kannst irgendeine Stelle auswählen, die dir gefällt. Angenommen, du magst dein rechtes Auge. Konzentriere dich dort und chante "Supreme, Supreme, Supreme" in Stille. Du kannst auch deinen eigenen spirituellen Namen chanten oder "Guru, Guru, Guru", oder irgend etwas anderes, in das du volles Vertrauen hast. Da du dem Supreme immer vertraust, ist dies normalerweise das Beste.

Wenn du dies an sieben verschiedenen Stellen deines Körpers tun kannst, wirst du feststellen, dass du an einer bestimmten Stelle besonders empfänglich bist. Worauf immer du dich konzentrieren magst, Kopf, Stirn, Herz, Nabel, Fuß – sobald du dich ernsthaft konzentriert, wirst du zumindest an einer Stelle unweigerlich etwas empfangen. Empfänglichkeit muss nicht immer im Herzen sein. Sogar im Fuß kannst du etwas empfangen.

Eine andere Übung, um Empfänglichkeit zu wecken, ist umgehend zu fühlen, dass du nur drei Jahre alt und allein im Wald bist. Du hast weder Mutter, noch Vater, noch Bruder, noch Schwester, niemanden, der dich beschützt, und du bist in stockfinsterer Nacht allein im Wald. Um dich herum ist Finsternis. Niemand ist da, um dir zu helfen; der Tod tanzt vor deinen Augen. Was tust du in dem Augenblick? Du fühlst dich vollkommen verloren, also schreist du innerlich um Hilfe: "Rette mich! Rette mich! Ich habe niemanden! Rette mich!" Wenn diese Art innerer Schrei kommt, wird der Supreme unweigerlich dein Herz öffnen.

Aum, Januar 1977

87

Meditation auf Klarheit

Wenn du die Klarheit der Wahrheit fühlen willst, versuche bitte immer, die brennenden, erleuchtenden Flammen in dir zu sehen. Oder versuche zumindest zu fühlen, dass es jemanden gibt, der jeden Augenblick bereit ist, dir eine göttliche Botschaft zu übermitteln. In dieser Botschaft wirst du die Klarheit der Wahrheit sehen. Dann liegt es an dir, diese Klarheit in deinem Leben spirituellen Strebens anzuwenden. Es gibt viele Menschen auf der Erde, die die innere Botschaft nicht vernommen haben. Für sie kommt die Verwendung der Klarheit der Wahrheit nicht in Frage. Aber es gibt viele, die die innere Botschaft gehört und die Klarheit der Wahrheit gefunden haben. Trotzdem finden sie es schwierig, das Gelernte in ihrem alltäglichen Leben anzuwenden, da sie nicht genug an sich selbst glauben. Sie sehen die Wahrheit, fühlen aber, dass diese Wahrheit so gewaltig ist, dass sie sie vernichten wird, wenn sie versuchen, sie zu gebrauchen. Das ist absurd. Wahrheit kann niemanden vernichten oder zerstören; sie stärkt, erleuchtet und erfüllt uns nur.

Bitte tauche tief nach innen und versuche, die Botschaft deines inneren Wesens zu hören, oder betrachte und fühle die brennende Flamme, die ständig versucht, die dunklen Teile in dir zu erleuchten. Dann wird dir die Klarheit der Wahrheit zur Verfügung stehen, und du wirst die Wahrheit auch anwenden können.

Eternity's Soul-Bird

Werde dir beim Meditieren dreier Dinge bewusst:
der *Reinheit* in deinem ganzen Wesen,
der *Demut* in deinem ganzen Wesen
und der *Dankbarkeit* in jeder Zelle, in jedem Körperteil.

Fühle beim Ein- und Ausatmen, dass ein Fluss des beständigen Einsseins mit dem Ursprung – dem Supreme – ein- und ausströmt. Wenn du auf diese Weise meditierst, wirst du unweigerlich hundertprozentigen Erfolg haben.

Chinmoy Family, Januar 1976

Meditation auf die Schönheit der Natur

Die beste Art, die Schönheit der Natur zu schätzen, ist sich hinzusetzen und mit der Natur zu meditieren. Wenn du einen Baum als Teil der Natur nimmst, dann setze dich unter den Baum und meditiere. Wenn du die Sonne als Ausdruck der Natur nimmst, dann betrachte die Sonne und meditiere. Wenn du das Meer als Natur siehst, dann setze dich ans Wasser und meditiere. Während du den Baum, die Sonne oder das Meer betrachtest, versuche, dein Einssein mit ihnen zu fühlen. Du solltest versuchen, mit allem, was du als Natur oder als Schönheit der Natur betrachtest, eins zu werden.

Wenn du etwas Bestimmtes von der Natur haben möchtest, musst du zu diesem gehen. Wenn du Weite haben willst, gehe einfach aus dem Haus, betrachte den Himmel, und du wirst in die Weite eintreten. Wenn es dein Wunsch ist, ein sehr weites, reines Bewusstsein zu haben, dann stelle dich an einen Fluss und meditiere auf den Fluss. Und wenn du in deinem Leben innere Höhe erlangen willst, dann gehe zu einem Berg und meditiere dort. Was immer du in deinem Leben erlangen möchtest, du musst zu dieser Manifestation der Natur gehen und sie anrufen. Du kannst den Geist der Natur anrufen oder mit der Seele der Natur eins werden. Das ist die beste Art der Identifikation.

A Galaxy of Beauty's Stars

Meditation auf die Sonne

In Indien stehen Sucher zur Stunde Gottes auf, das heißt, um drei Uhr morgens, und beginnen, auf die heraufdämmernde Sonne zu meditieren. Die Sonne verkörpert Dynamik, innere Schönheit und inneres Licht. Die Sonne ist die Manifestation von Gottes Transzendenz. So wie die Blume Gottes äußere Manifestation von Schönheit und Reinheit ist, so ist die Sonne die Manifestation der Schönheit und der Macht Gottes.

Aum, September 1975

Meditation zur Beseitigung von Furcht

Durch Meditation wird uns unweigerlich äußere und innere Furcht verlassen. Die innere Furcht zu beseitigen, ist unendlich viel schwieriger als die äußere. Aber mit Hilfe der Meditation muss uns unsere innere Furcht verlassen. Im Augenblick hast du Angst vor der Furcht. Du bist ein Opfer der Furcht geworden, da du nicht weißt, wie du dein Bewusstsein ausdehnen sollst. Das ist der Grund, weshalb du ständig der Furcht ausgeliefert bist. Wenn du aber mit Hilfe der Meditation im Göttlichen Zuflucht nimmst, muss dich die Furcht verlassen, da sie fühlt, dass sie an die falsche Tür klopft. Zur Zeit bist du hilflos. Die Angst wird jedoch ihre Macht über dich verlieren, sobald sie erkennt, dass du aufgrund deiner Meditation mit etwas äußerst Kraftvollem in Verbindung stehst.

Wenn wir unsere Angst im Vitalen besiegen wollen, müssen wir uns auf unser eigenes inneres Wesen konzentrieren. Das ist aber für Anfänger schwierig. Wenn man Angst in seinem Vitalen besiegen möchte, sollte man versuchen, das wahre Vitale in sich auszudehnen. Wir besitzen zwei Arten von Lebensenergie: die eine Form ist aggressiv, die andere dynamisch. Wir benutzen das agressive Vitale mit seinen kämpferischen Eigenschaften täglich. Das dynamische Vitale möchte jedoch lieber heute als morgen etwas auf göttliche und erleuchtende Weise erschaffen. Wenn wir uns nun konzentrieren oder unsere Aufmerksamkeit auf das dynamische Vitale richten, werden wir dort unser Bewusstsein ausdehnen. Dann kann es keine Furcht im Vitalen geben.

Wenn wir Furcht in unserem unstrebsamen Herzen besiegen wollen, müssen wir die direkte Hilfe der Seele in Anspruch nehmen. Wie viele von uns haben die Seele gesehen oder sie gefühlt? Wenn du direkt im Herzzentrum meditierst, musst du wissen, ob du wirklich und wahrhaftig auf das reine Herzzentrum meditierst. Versuche dann jeden Augenblick, oder sagen wir jedes Mal beim Einatmen zu fühlen, dass du nach innen gräbst.

Dies ist kein gewaltsames Graben. Nein! Es ist ein göttlich intensives Gefühl in deinem Herzen, als ob du sehr tief nach innen gehen würdest. Fühle, dass du mit jedem Atemzug tiefer gehst. Dann wirst du nach ein paar Tagen oder Monaten unweigerlich ein Klingen, einen leisen Klang hören. Versuche, beim Hören dieses Klanges festzustellen, ob der Klang von jemandem erzeugt wird oder nicht. Normalerweise hören wir einen Klang, weil dieser von etwas verursacht wurde, zum Beispiel Händeklatschen, oder weil zwei Objekte gegeneinander schlagen. Aber dieser Klang in der Seele ist anderer Natur. Er ist spontan. Wenn du also diesen Klang wie einen himmlischen Gong im Inneren fühlst, wirst du unweigerlich die Angst in deinem strebenden Herzen besiegen.

Meditation: Man's Choice and God's Voice 1

Übungen, um Willenskraft zu entwickeln:

1. Übung: Halte das Ende deines Daumens fest in deinem Zeigefinger und versuche, deinen Pulsschlag nur in der Spitze deines Daumens zu spüren. Dieser Pulsschlag ist deine Lebensenergie, dein Atem, deine Aufgabe, deine Verwirklichung, deine Seele, dein Ziel. Dies alles konzentriert sich in der

Spitze deines Daumens. Betrachte dann den Nagel deines Daumens und fühle, dass sich dort dein Traum und deine Wirklichkeit befinden. Wenn dir eine Idee kommt, wirst du die ganze Willenskraft, die du benötigst, von deinem Daumen erhalten. Nebenbei gesagt kann der Daumen auch dazu benutzt werden, um festzustellen, ob eine Person Willenskraft besitzt oder nicht. Wenn der Daumen einer Person am Ende spitz ist, besitzt sie normalerweise Willenskraft. Je ausgeprägter die Spitze ist, desto mehr Kraft hat die Person wahrscheinlich.

2. Übung: Stelle dich ungefähr einen Meter vor eine Wand. Male dann in Augenhöhe einen sehr kleinen, schwarzen Kreis an die Wand und male in diesen Kreis einen Punkt. Er muß schwarz sein. Betrachte diesen Kreis mit halbgeöffneten Augen, indem du deine ganze Aufmerksamkeit darauf richtest. Versuche, nichts außer diesem Kreis zu sehen. Versuche nach zwei oder drei Minuten zu fühlen, dass sich dein ganzes Wesen in ihm befindet. Gehe dann durch den Kreis hindurch auf die andere Seite der Wand. Wenn du den Kreis durchdringst und über ihn hinaus gehst, versuche, auf deine eigene physische Wirklichkeit zurück zu schauen, auf die Wirklichkeit, die vor der Wand steht. Du bist von deinem physischen Körper ausgegangen, nun aber hast du deinen subtilen Körper auf die andere Seite der Wand gesandt. Versuche, von dort auf das Physische zurückzuschauen. Dies wird dir ein wenig Erfüllung schenken.

Vollkommene Erfüllung wird kommen, wenn du nur auf den Punkt im Kreis schaust und nicht auf den Kreis selbst. Versuche, dein eigenes Selbst, dein Antlitz des inneren Strebens dort zu sehen. Fühle, dass du nur dort und nirgendwo sonst existierst. Versuche dann zu fühlen, dass dein Wesen, dein Gesicht, dein Bewusstsein, alles durch den Supreme ersetzt wird.

93

Wenn du einmal fühlst, dass dein ehemaliges Wesen vollständig durch den Supreme ersetzt worden ist, wirst du untrennbares Einssein mit Ihm erreicht haben, und seine Willenskraft wird unweigerlich in dein Leben treten.

Meditation: God's Blessing-Assurance

3. Übung: Wir meditieren nun auf unsere Stirn. Wir stellen uns dabei vor, dass es Mittag ist. Es ist zwölf Uhr, und die Sonne strahlt gleißend hell. Eine solche Sonne befindet sich in unserer Stirn, zwischen unseren Augenbrauen und etwas darüber. Wenn wir auf diese hell strahlende Sonne meditieren, dient dies der Identifikation mit dem Bewusstsein der Willenskraft.

Als nächstes werden wir versuchen, uns in der Tiefe unseres Herzens die goldene Morgendämmerung vorzustellen. Diese goldene Morgendämmerung ist nichts anderes als unser psychisches Kraft-Bewusstsein.

Aum, Oktober, 1976

VIII.
Meditation auf den
spirituellen Lehrer

Wenn sich dein Aufrichtigkeitshimmel
auf Gott konzentriert,
wird Gott umgehend zu dir kommen.

Wenn deine Dankbarkeitssonne
auf Gott meditiert,
wird Gott Sich dir vollkommen schenken.

Meditation auf den spirituellen Lehrer

Wenn du spürst, dass du dich innerlich zu mir hingezogen fühlst, aber keine individuelle Meditation erhalten hast, dann musst du dir keine Gedanken oder Sorgen machen. Die beste Art der Meditation erreichst du, wenn du auf mein transzendentales Bild schaust und dich in mich hineinwirfst. Dieses Bild wurde gemacht, als ich mich in meinem eigenen höchsten Bewusstsein befand. Ich bin darauf mit meinem inneren Führer, dem Supreme, völlig eins. Konzentriere dich einfach auf das Bild und gehe durch die Stirn, wo sich mein Auge der Vision befindet, in mich hinein. Du hast ebenfalls dieses dritte Auge, aber bei dir ist es noch verhüllt. Wenn du es schwierig findest, in mein drittes Auge einzutreten, versuche langsam und beständig einzuatmen und stelle dir vor, dass ich im selben Rhythmus mit dir atme. Du kannst ein Stück vom Bild entfernt sitzen oder dich auch ganz nah vor das Bild setzen. Versuche jedoch zu fühlen, dass wir zur selben Zeit ein- und ausatmen. Das wird dir helfen, in den Fluss der Meditation zu kommen, und es wird dir außerdem in hohem Maße Reinheit schenken.

Wenn du auf mein Bild meditierst, solltest du an nichts anderes denken. Versuche einfach, dein äußeres und inneres Wesen mit äußerstem Streben in mein transzendentales Bewusstsein zu werfen. Wenn ein Gedanke kommt, ganz gleich ob er gut oder schlecht ist, wirf ihn einfach in mein Bild. Fühle jedesmal, wenn ein Gedanke deinen Verstand streift, dass dies ein Angriff ist, und lass mich diesen Angriff abfangen. Lade keinen einzigen Gedanken ein, welcher Art er auch immer sein mag. Auf diese Weise kannst du dein inneres Gefäß völlig leer halten. Wenn du dich selbst leer machst und mir all deine Gedanken und ungöttlichen Eigenschaften gibst, kann ich dich mit Frieden, Licht und Glückseligkeit füllen.

Du solltest dir bewusst sein, dass ich bereit bin, alles, was du hast, und alles, was du bist, anzunehmen. Wenn du mir nur die guten Dinge geben möchtest, ist das nicht richtig. Du solltest mir beides geben, das Gute wie das Schlechte. Wenn du Angst, Zweifel oder irgendwelche negativen Gedanken hast, betrachte mein Bild und wirf all deine Dunkelheit und Unreinheit in mich. Sorge dich nicht um mich. Ich werde diese negativen Kräfte in das universelle Bewusstsein werfen. Wenn du jedoch an diesen Dingen festhältst, wirst du nur leiden. Heute wirst du einen falschen Gedanken haben, morgen wirst du hundert falsche Gedanken haben, und es wird kein Ende nehmen. Wenn diese Gedanken in deinen Verstand eintreten, solltest du wissen, dass du tatsächlich schwach wirst. Es ist, als ob dir eine schwere Last auf die Schultern gelegt würde, folglich wirst du natürlich müde und erschöpft werden.

Wie kannst du negative Gedanken in mich werfen? Nehmen wir an, dass du auf jemanden eifersüchtig bist. Wenn du auf jemanden eifersüchtig bist, kommunizierst du innerlich mit dieser Person und bietest ihr deine eifersüchtigen Gedanken an. Du formulierst in deinem Verstand Gedanken und Vorstellungen und gibst sie bewusst weiter. Auf die gleiche Weise kannst du diese Gedanken in mich werfen. In dem Moment, in dem du innerlich zu mir sprichst, musst du wissen, dass du mir deine Gedanken gibst.

Meditation: Man-Perfection in God-Satisfaction

Wenn du dich konzentrieren möchtest, betrachte zuerst mein ganzes Gesicht. Versuche dann allmählich, deine Aufmerksamkeit auf meine Stirn zu richten. Versuche danach, an die Stelle zwischen den Augenbrauen und etwas darüber – das dritte Auge – zu denken. Fühle, dass nur dieser eine Punkt existiert und sonst nichts. Richte deine Augen auf diesen Punkt und fühle, dass du nichts anderes im Bild siehst. Versuche dann, dort einzutauchen. Geh so tief wie möglich. Fühle, dass du ein Messer hast, ein göttliches Messer, und du gräbst ganz tief. Gehe so tief wie du kannst. Je tiefer du gehst, umso stärker wird die Kraft deiner Konzentration sein.

Wenn du meditieren willst, versuche das Bild als Ganzes zu betrachten. Fühle, dass das gesamte Bild bereit ist, dir zu geben, was immer du willst. Wenn du Frieden willst, dann versuche, das Bild mit dem inneren Gefühl zu betrachten, das Bild besäße grenzenlosen Frieden. Wenn du Licht, Glückseligkeit oder irgendeine andere göttliche Eigenschaft willst, fühle einfach, dass das Bild sie besitzt, was völlig wahr ist.

Anfangs musst du deine Vorstellungskraft gebrauchen. Später wird es Wirklichkeit werden. Wenn du beginnst, musst du dir vorstellen, dass dieses Bild das hat, was du möchtest. Wenn du dann tief hineingehst, wirst du die Wirklichkeit finden. Eines Tages, in einigen Monaten oder in ein oder zwei Jahren wirst du die Hilfe deiner Vorstellungskraft nicht mehr in Anspruch nehmen müssen. Dann wird dich dein eigenes solides Streben sehen und fühlen lassen, was das Bild besitzt.

Meditation: Man-Perfection in God-Satisfaction

Wenn du auf mein Bild meditierst und in mein transzendentales Bewusstsein eintrittst, solltest du nicht fühlen, dass du in ein fremdes Element oder in eine fremde Person eintrittst, sondern dass du in deinen eigenen höchsten Teil, dein wahres Selbst eintrittst.

Du hast eine Mutter und einen Vater, du hast einen Mann oder eine Frau, du hast Kinder. Nun kannst du deiner Familie eine weitere Person hinzufügen. Du solltest fühlen, dass es hier jemanden gibt, der nicht nur in diesem Leben für dich da ist, sondern für immer. Wenn du dein Einssein mit mir fühlst, wenn du fühlst, dass ich kein Fremder, sondern ein Mitglied deiner eigenen Familie bin, wird dein Bewusstsein, deine Seele von selbst versuchen, sich mit meinem zu vereinen. Dieses Vereinen nennt man Meditation.

Meditation: Man-Perfection in God-Satisfation

Meditation am Morgen

Wenn dich dein Schlaf nicht gestört hat und du während der Nacht keinen gedanklichen Unrat angehäuft hast, gibt es vielleicht nichts Ungöttliches, das du mir geben könntest, wenn du am Morgen meditierst. Dann kannst du mit innerer Freude, Liebe, Frieden und allen göttlichen Eigenschaften in mich eintreten.

Wenn du das tust, ist es, als ob ein Kind sich mit seinem Vater beschäftigt. Ein Kind kommt mit solch großer Freude zu seinem Vater, um ihm eine Münze zu geben, die es auf der Straße gefunden hat. Das Kind hätte die Münze für Süßigkeiten ausgeben können. Stattdessen hat es aber die Notwendigkeit verspürt, sie dem Vater zu geben. Der Vater ist so glücklich darüber, daß das Kind ihm seinen einzigen Besitz geben will, dass er dem Kind einen Dollar schenkt.

Meditation: Man-Perfection in God-Satisfaction

Meditation auf das Transzendentale Bild

Meine Schüler meditieren auf ein Bild von mir, das in meinem transzendentalen Bewusstsein aufgenommen wurde. Dieses Bild verkörpert mein höchstes Bewusstsein.

Wenn ich meinen Schülern sage, dass sie auf mein Bild meditieren sollen, meine ich eigentlich, dass sie tief nach innen gehen und den Supreme entdecken sollen, der in mir aktiver ist als in ihnen. Ich sage ihnen, dass sie sich nicht auf das Physische, nicht auf mich, Sri Chinmoy, konzentrieren sollen, wenn sie sich auf mein Bild konzentrieren, sondern auf den Supreme in mir. Der Supreme in mir ist mein Guru, euer Guru, jedermanns Guru. Kein menschliches Wesen kann ein richtiger Guru sein. Wir sind alle Vertreter des Supreme. Ein spiritueller Meister ist sich jedoch des wirklichen Gurus, des Supreme, bewusster als die Anfänger auf einem spirituellen Weg.

Meine Schüler fühlen, dass ich etwas erkannt und verwirklicht habe und dass dieses 'Etwas' für sie das Höchste ist. Sie fühlen,

Nur persönliche Schüler Sri Chinmoys erhalten das Transzendentale Bild
zum Meditieren; dieses Bild ist eine andere Fotografie, die ebenfalls in einem
Moment sehr hoher Meditation entstanden ist.

dass ich etwas erreicht habe und etwas bin. Ich sage ihnen, dass ich nur der ältere Bruder in der Familie bin. In einer Familie wird vom älteren Bruder erwartet, dass er ein wenig mehr weiß als die jüngeren Brüder. Darum bittet ihn sein Vater, die Jüngeren zu ihm zu bringen. Er zeigt den jüngeren Brüdern, wo ihr Vater ist und führt sie dann zu ihm. Unser Vater ist der Supreme. Sobald er seinen jüngeren Brüdern den Vater gezeigt hat, ist seine Aufgabe vorüber.

Meine Schüler lieben mich äußerst aufrichtig und hin-gebungs-voll. Wenn du mich mehr liebst als eine Blume, mehr als eine Kerze, dann meditiere auf mich – nicht auf meine Persönlichkeit oder Individualität. Nein! Das Göttliche in mir ist mehr als bereit, der Göttlichkeit in meinen Schülern zu dienen. Wenn ich ihnen also sage, dass sie sich auf mein Bild konzentrieren sollen, ist es nicht mein egozentrisches "Ich", das spricht. Es ist nur mein liebendes Einssein mit ihnen, das ihnen sagt: "Wenn du mich liebst, dann ist das hier die leichteste Art für dich, dich dem Einen zu nähern, der vollkommene Liebe ist. Konzentriere dich auf den Supreme in mir. Und wenn du den Supreme in dir selbst entdeckst, kannst du auch dort meditieren." Mein Supreme und der Supreme meiner Schüler sind eins. Gerade weil sie mich lieben, meditieren sie auf mich. Es gibt Hunderte von Fotografien von mir. Ich sage ihnen nicht, dass sie auf Bilder meditieren sollen, auf denen ich laufe, springe oder mich in meinem nor-malen Bewusstsein befinde. Ich habe kein Recht, sie zu bitten, sich auf diese Bilder zu konzentrieren. Es gibt aber einige wichtige Bilder von mir in einem sehr hohen Bewusstsein. Und es gibt ein besonderes Bild – das Transzendentale Bild, auf welches sich meine Schüler konzen-trieren. Wenn sie das tun, versichere ich ihnen, dass sie unweigerlich Frieden, Licht, Glückseligkeit oder welche göttliche Eigenschaft sie auch immer benötigen, fühlen werden. Sie haben

Hunderte von Erfahrungen während der Meditation auf mein Transzendentales Bild.

Ihr habt mein transzendentales Bild; darin ist meine höchste Höhe festgehalten. Aber nun werde ich euch ein anderes Bild geben, ein besonderes Bild, auf dem ich lächle. Mein lächelndes Bild wird euch mehr, unendlich mehr helfen als mein ernstes Bild. Im Transzendentalen Bild versteckt sich mein lächelndes Bewusstsein; hier aber ist mein lächelndes Bewusstsein gegenwärtig. Dieses spezielle Bild wird euch immens helfen.

The Meditation World

Es gibt eine weitere Art, Licht zu sehen. Da du unseren Weg angenommen hast, betrachte bitte meine Stirn auf meinem Transzendentalen Bild. Dann wirst du in der Lage sein, mein Licht oder Licht in mir zu sehen. Du wirst Licht sehen, und dieses Licht wirst du auch in dir fühlen, da es nur ein Licht gibt, und das ist Gott. Er wirkt in mir, in dir, in jedem. Aber in meinem Fall kann ich es bewusst sehen und es andere fühlen lassen. Wenn du dich daher auf mein Transzendentales Bild konzentrierst und das Wort "Licht" seelenvoll fünfzig-, sechzig- oder hundertmal wiederholst, versichere ich dir, dass du unweigerlich Licht sehen wirst – entweder blaues, weißes, goldenes, rotes oder grünes – da ich durch mein transzendentales Bewusstsein bereit bin, jedem Licht anzubieten, der es aufrichtig haben möchte. Das ist das Geheimnis, das ich dir anvertraue.

Meditation: Man's Choice and God's Voice

Wenn ihr beim Meditieren vor mir sitzt und ich in tiefer Meditation bin, könnt ihr euch auf meine Stirn konzentrieren. Nehmt euch Zeit und sprecht in Stille das Wort "Licht". Und während ihr es sagt, versucht zu fühlen, dass ihr zwischen euch und mir eine Brücke gebildet habt. Dann werdet ihr allmählich fühlen, dass ihr in mich eintretet und ich in euch eintrete. Ihr braucht nicht vier oder zehn Stunden zu meditieren. Nein. Es ist eine Sache von wenigen Minuten. Wenn ihr ein seelenvolles Gefühl des Einsseins mit mir habt, werdet ihr unweigerlich Licht sehen. Das werde ich für euch und für andere aufrichtige Sucher, die meine Schüler sind, tun können. Aber für andere werde ich dies nicht tun können, da sie mich nicht als ihr eigen angenommen haben.

Es gibt noch etwas anderes, das meine Schüler ausprobieren können. Wenn ihr euch auf einen schwarzen Punkt in einem Kreis konzentriert, versucht euer eigenes Selbst – euer eigenes strebendes Gesicht – dort zu sehen. Fühlt, dass ihr nur dort und nirgendwo sonst existiert. Versucht dann zu fühlen, dass euer Wesen, euer Gesicht, euer Bewusstsein – alles – durch mich ersetzt worden ist. Wenn du einmal fühlen kannst, dass dein ehemaliges Wesen völlig durch mich ersetzt wurde, wirst du untrennbares Einssein mit mir erreicht haben, und meine Willenskraft wird unweigerlich in dein Leben treten.

Meditation: Man-Perfection in God-Satisfaction

Wie man nur auf den Meister meditiert

Wenn du zu meditieren beginnst, solltest du dir darüber im klaren sein, wieviel Zeit du der Meditation widmen kannst. Du bist ein Student. Du solltest wissen, nach wie vielen Minuten du mit der Meditation aufhören möchtest, entweder weil du eine Vorlesung hast oder weil du dich nicht sehr lange konzentrieren kannst. Angenommen, du möchtest täglich neun Minuten meditieren und nur an deinen Guru denken. Wenn du an ihn denkst, versuche, dich an vier oder fünf seiner göttlichen Eigenschaften zu erinnern. Wie? Eine einfache Art, sich meine göttlichen Eigenschaften in Erinnerung zu rufen, ist, sich meine Augen geistig vorzustellen. Versuche dich zu erinnern, wie meine Augen aussehen, wenn ich dich segne. Nun wirst du drei sehr wichtige Dinge in deinem Herzen niederschreiben: meine göttliche Liebe, meine göttliche Anteilnahme und meine göttliche Freude oder Glückseligkeit.

Meine göttliche Liebe möchte, dass du Gott verwirklichst. Ich bin dein Guru, und ich möchte dir das Beste geben, das ich habe: Gottverwirklichung. So wie deine Mutter möchte, dass du schöne Dinge hast (ein Fahrrad, ein schönes Buch, einen schönen Pullover), genauso möchte ich dir Freude schenken. Also werde ich dir das Beste geben, das ich habe.

Meine göttliche Anteilnahme: du sorgst dich um etwas, das du liebst. Wenn du eine Katze oder einen Hund hast, sorgst du dich um sie. Du beobachtest, ob sie genug gefressen haben. Ich bin ebenfalls um meine Schüler besorgt, da ich sie jeden Tag spirituell nähre. Äußerlich nähre ich dich nicht, denn du hast eine Mutter, die sich um dich kümmert.

Meine göttliche Freude oder Glückseligkeit: wenn ich dich betrachte, verspüre ich Freude, da ich jemanden betrachte, der meinem Herzen nahe ist. Wenn du mich intensiv betrachtest, wirst du Glückseligkeit fühlen.

Wenn du neun Minuten meditierst, solltest du die ersten drei Minuten meine Augen betrachten und versuchen, meine göttliche Liebe zu sehen. Es ist wie das Trinken von Wasser. Du solltest die Worte "göttliche Liebe, göttliche Liebe, göttliche Liebe" oder "Gurus Liebe ... " wiederholen. Die nächsten drei Minuten solltest du dich auf meine göttliche Anteilnahme konzentrieren und "göttliche Anteilnahme, göttliche Anteilnahme" oder "Gurus Anteilnahme, Gurus Anteilnahme" wiederholen. Konzentriere dich während der letzten drei Minuten auf meine göttliche Glückseligkeit und wiederhole diese Worte. Versuche dir vorzustellen, wie ich vor dir stehe. So kannst du dich auf mich konzentrieren, da du nun weißt, was du am meisten benötigst.

Chinmoy Family, März April 1973

Stellt euch bitte vor, wie ich auf der Spitze des schneebedeckten Himalaja sitze. Ich sitze auf dem Gipfel in jener Weise, wie du Shiva[*] auf dem Gipfel des Berges Kailash meditieren siehst. Ihr steht am Fuße des Berges. Singt dann nicht "Supreme" oder "Frieden" oder irgendetwas anderes. Versucht nur, mich dort auf der Spitze des Berges Kailash zu beobachten. Nur der Mond ist über mir, und unter mir seid ihr und meditiert höchst seelenvoll.

[*] *Shiva, einer der drei göttlichen Aspekte des Absoluten, des Supreme. Er gilt als "König der Yogis", als der Yogi schlechthin. Shiva steht für Umwandlung von*

dunklen Energien. Im Mythos hat er sein der Erde nächstes Reich auf dem Berg Kailash im Himalaja.

Aum, April 198

Um Schönheit zu entwickeln,
meditiere ich
in einer mondbeschienenen Höhle.

Um Demut zu entwickeln,
meditiere ich
in einer winzigen Höhle.

Um Reinheit zu entwickeln,
meditiere ich
in einer sonnenüberfluteten Höhle.

Um Kraft zu entwickeln,
meditiere ich
in einer geräumigen Höhle.

IX.
Gedichte über
Meditation

Je tiefer du in deiner Meditation
hinabsteigst, um deinen Ursprung zu sehen,
umso klarer wird deine Lichtstraße.

Reflexionen über Meditation

(aus den Gedichtreihen "Zehntausend Blumenflammen" und
"Siebenundzwanzigtausend Strebsamkeitspflanzen")

UM M SEIN SCHLAFENDES LEBEN ZU BESIEGEN

Warum möchte der Körper meditieren?
Der Körper möchte meditieren,
weil er sein schlafendes
Leben besiegen möchte.
Der Körper weiß, dass Meditation
die Antwort ist.

~

UM SEIN KÄMPFENDES LEBEN ZU BESIEGEN

Warum möchte das Vitale meditieren?
Das Vitale möchte meditieren,
weil es sein kämpfendes
Leben besiegen möchte.
Das Vitale weiß, dass Meditation
die Antwort ist.

UM SEIN ZWEIFELNDES LEBEN ZU BESIEGEN

Warum möchte der Verstand meditieren?
Der Verstand möchte meditieren,
weil er sein zweifelndes
Leben besiegen möchte.
Der Verstand weiß, dass Meditation
die Antwort ist.

~

UM DEN SUPREME NOCH MEHR ZU LIEBEN

Warum möchte das Herz meditieren?
Das Herz möchte meditieren,
weil es den Supreme
noch mehr lieben möchte.
Das Herz weiß, dass Meditation
die Antwort ist.

Wenn wir eine Blume betrachten,
spüren wir den Duft der Blume.
Siehe, für einige Sekunden
hebt sich unser Bewusstsein
und wir erweitern in uns
die Hingabe.

‒

Fordere dich
während deiner Meditation selbst heraus,
um dein Höchstes zu erreichen,
und sei es nur
für einen flüchtigen Augenblick.

‒

Zwei Geheimnisse der Meditation:
am sichersten ist das Herzzentrum,
am schnellsten ist das Scheitelzentrum.

GOTT WIRD DEIN SEIN

Konzentriere dich tapfer.
Gott die Kraft wird dein sein.

Meditiere seelenvoll.
Gott, die Liebe, wird dein sein.

Kontempliere selbstlos.
Gott, der Segen, wird dein sein.

—

ICH REINIGE MICH

Ich reinige meinen Körper,
indem ich den Namen Gottes singe.

Ich reinige mein Vitales,
indem ich Gott diene.

Ich reinige meinen Verstand,
indem ich meinen Verstand für Gott leere.

Ich reinige mein Herz,
indem ich auf Gottes Mitleidsliebe meditiere.

-DIE GOLDENEN AUGEN SEINER SONNE

Ich bete zu Gott,
mir Seines Mondes
silberne Füße zu schenken.

Ich meditiere auf Gott,
mir Seiner Sonne goldene Augen
zu schenken.

—

GEBET IST DER RUF

Gebet ist der Ruf
eines leidvollen Herzens.

Meditation ist das Lächeln
eines seelenvollen Lebens.

—

Wenn ich auf Gott meditiere,
Sehe ich Ihn
Auf den Flügeln der Stille.

Wenn ich zu Gott bete,
Sehe ich Ihn
In der Höhle des Klanges.

DEINE WAHRE MEDITATION

Wenn du in deinem äußeren Leben
bewusst und seelenvoll
glücklich sein kannst, selbst dann,
wenn du gewöhnliche, irdische Dinge tust,
wird Gott dies
als deine wahre Meditation betrachten.

~

MEDITATION UND GEBET

O Schönheit des Gebets,
kannst du mir nicht
einen klaren Verstand schenken?

O Glanz der Meditation,
kannst du mir nicht
ein reines Herz schenken?

BETE ZU GOTT

Vor der Meditation bete zu Gott,
dir einen Verstand der Stille zu geben.

Während der Meditation bete zu Gott,
dir die Richtung zu zeigen, damit
du dein vorbestimmtes Ziel erreichst.

Nach der Meditation bete zu Gott,
dir ein Herz voller Hingabe und
ein Leben voller Dankbarkeit zu geben.

~

MEIN HINGEBUNGSVOLLES GEBET

Wenn ich bete,
knie ich nieder,
hingebungsvoll und geheim.

Wenn ich meditiere,
erhebe ich mein Herz,
seelenvoll und im Verborgenen.

MEINE BEDÜRFNISSE

Was mein Gebet braucht,
ist ein Geduldsbaum.

Was meine Meditation braucht,
ist eine Dankbarkeitsblume.

~

EIN STRAHLENDES UND UNBEFLECKTES HERZ

Was erwarte ich von meinen Gebeten?
Ein auserwähltes reines Leben.

Was erwarte ich von meiner Meditation?
Ein strahlendes, unbeflecktes Herz.

~

WENN HOFFNUNG VERSCHWUNDEN IST

Sogar wenn Hoffnung
völlig verschwunden ist,
gib nicht auf,
die Flügel des Gebets zu erheben,
denn die Gnade von oben
gibt dir vielleicht eine neue Gelegenheit,
in der eine neue Zusicherung liegen wird.

DU GELANGST ZUR ERKENNTNIS

Wenn du betest,
kommst du zu der Erkenntnis,
dass du hoch oben
ein Zimmer hast.

Wenn du meditierst,
kommst du zu der Erkenntnis,
dass du tief in dir
ein Heim hast.

—

WENN ICH LÄCHLE UND MEDITIERE

Wenn ich rufe und bete,
sehe ich Gottes Hand,
die mich behutsam schützt.

Wenn ich lächle und meditiere,
fühle ich Gottes Herz,
das mich kraftvoll liebt.

Am Morgen
bete ich zum Supreme
hoch über meinem Haupt.
Am Abend
meditiere ich auf den Supreme
tief in meinem Herzen.
In der Tat, dies sind zwei
reichlich lohnende Erfahrungen.

~

BEVOR DU BETEST UND MEDITIERST

Bevor du betest und meditierst,
solltest du
die Geschwindigkeit des Rehs anrufen.

Während du betest und meditierst,
solltest du
das Vertrauen des Elefanten anrufen.

Nachdem du gebetet und meditiert hast,
solltest du
den Sieg des Löwen anrufen.

SCHLIESSE FREUNDSCHAFT
MIT DEINER SEELE

Wenn du betest,
denke an ein verlorenes Kind in dir,
Das hilflos schreit.

Wenn du meditierst,
denke an eine Blume am Morgen,
die immerzu lächelt,
indem sie in ihrer Schönheit erstrahlt
und ihren Duft verströmt.

Auf diese Weise kannst du
mit deiner Seele Freundschaft schließen und
mit ihr unendlich hoch fliegen,
bis über die Grenzen deines Verstandes hinaus.

X.
Meditationsübungen
für Künstler

Meine kurze Meditation sagt mir:
Gott kann mich die ganze Zeit sehen,
und Er tut es auch.

Meine lange Meditation sagt mir:
ich kann und werde Gott sehen,
wenn ich es wirklich verzweifelt möchte.

Frage: Wenn ich zu malen beginne, verspüre ich richtiggehend Angst vor der weißen Leinwand, besonders dann, wenn mein voriges Bild gut war. Gibt es eine Möglichkeit, dies zu überwinden?

Sri Chinmoy: Bevor du beginnst, betrachte dich einfach als ein Werkzeug. Du hältst deinen Pinsel und weißt, dass er dein Werkzeug ist. Auf die gleiche Art kannst du deine Hand, deine Arme, Gelenke oder Finger ansehen und einige Male wiederholen: "Dies gehört nicht mir, es ist Dein." Betrachte deine Finger und sage: "Diese Finger gehören nicht mir. Diese Finger kommen vom Supreme und sind für den Supreme. Dieses Handgelenk, diese Handfläche gehören nicht mir. Sie sind vom Supreme für den Supreme." Die Farbe, die Leinwand, du selbst, ja alles, was du benutzt, solltest du einzeln betrachten und sagen: "Das gehört nicht mir, es gehört dem Supreme. Wenn es Sein ist, dann trägt Er die Verantwortung."

Du solltest außerdem deinen Verstand ganz beiseite lassen. Wenn du deinen Verstand gebrauchst, können alle möglichen Arten der Angst in dich eintreten. Sogar wenn der Verstand fühlt, dass dein Gemälde wunderschön ist, könnte er fünf Minuten später sagen: "Ach, es ist nicht so schön." Betrachte daher niemals etwas mit den Augen deines Verstandes. Betrachte alles mit den Augen deines Herzens. Dann wirst du merken, dass alles wunderschön ist. Sogar dann, wenn dort nur ein einziger Punkt ist oder wenn es etwas ist, das andere kritisieren werden oder an dem sie etwas auszusetzen haben, wird dein Herz dennoch zwanzig Gründe finden, um zu rechtfertigen, weshalb es so ist und nicht anders.

Was mich betrifft, so liebe ich meine Bilder. Nachdem ich sie beendet habe, glaubt mein Verstand nicht, dass ich sie in einer halben oder in einer Stunde gemalt habe. Wenn ich sie aber mit dem Herzen betrachte, kann ich unzählige Gründe anführen, wie und warum dies möglich ist. Andere werden sagen, dass es eine Stelle gibt, die etwas mehr Farbe benötigt, aber ich werde sagen: "Nein. An dieser Stelle muss es etwas subtiler sein. Andernfalls, wenn es an allen Stellen ausgeglichen wäre, wäre es wie ein Militärmarsch – links, rechts, links, rechts! Warum sollte es so sein? An diesem Punkt sollte eine kleine Abweichung sein."

Wenn du dein Herz gebrauchst, wirst du mit deinem Gemälde eins werden und dich niemals vor ihm fürchten. Aber du musst auch mit dem Pinsel und der Leinwand eins werden, da sie die Werkzeuge sind, die du verwendest. Werde also eins mit dem Gemälde und mit den Werkzeugen – dem Pinsel und der Lein-wand. Dann wird ein Werkzeug ein weiteres Werkzeug. Der wirklich Handelnde ist der Supreme. Wenn du dies tun kannst, kann es keine Angst, keinen Zweifel und kein Gefühl des Versagens geben.

Jharna-Kala, July-Aug.-Sept. 1977

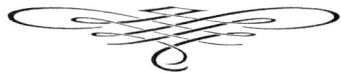

Wenn du etwas zeichnen möchtest, nimm deinen Lieblings-künstler und identifiziere dich mit seinem Werk. Du musst aber achtgeben. Ein Künstler kann einen schlechten Charakter haben. Seine Werke mögen göttlich sein, sein Charakter aber kann ungöttlich sein. Identifiziere dich in diesem Fall nicht mit dem Künstler, sondern nur mit dem Werk. Wenn du dich mit einem Werk der Schönheit identifizierst, wird dich diese Schönheit inspirieren, etwas Schönes zu erschaffen.

Identifiziere dich, identifiziere dich, identifiziere dich. Identifikation ist nicht Nachahmung. Ganz im Gegenteil: Wenn du dich mit etwas identifizierst und die Fähigkeiten, Eigenschaften oder die Essenz dieser Sache erlangst, kannst du diese entwickeln und auf deine eigene Weise verbessern.

A Galaxy of Beauty's Stars

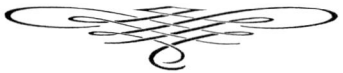

Frage: Wie kann man die innere Schönheit von etwas sehen, das man malen oder zeichnen möchte, und wie kann man sie sichtbar machen?

Sri Chinmoy: Wenn du beginnst, etwas zu malen oder zu zeichnen, meditiere zuerst mindestens fünf Minuten lang und versuche, das Wesentliche des Gegenstandes, den du malen möchtest, zu sehen.

Fühle, dass es in dir einen Samen gibt, und versuche dann zu spüren, dass der Same aufgeht und zu einer Pflanze heranwächst. Fühle nun, dass diese kleine Pflanze zu einem riesigen Baum heranwächst und dass dieser Baum dein Bild ist. Sieh zuerst das Wesentliche und dann das Ganze. Mache deine Schöpfung zuerst so klein wie möglich und mache sie dann so groß wie möglich. Versuche, den Mikrokosmos und den Makrokosmos zusammen zu sehen. Versuche dann, zwischen diesen beiden eine Brücke zu sehen, die das Kleinste und das Größte miteinander verbindet. Oder versuche, sie mit deinem eigenen Streben zu verbinden. Sobald du diese Verbindung siehst, wirst du in deinem Bild unweigerlich die Schönheit von ihrem Ursprung bis hin zu ihrem Höhepunkt sehen.

Erblicke zuerst Leben in deiner Schöpfung. Erblicke dann Licht in deiner Schöpfung. Du kannst es auch anders herum machen. Erblicke zuerst Licht in deiner Schöpfung und sieh dann Leben in deiner Schöpfung. Versuche in dem Moment, wo du dir den Samen vorstellst, zu fühlen, dass du auf Licht meditierst; und versuche, wenn du den Baum siehst, zu fühlen, dass du auf Leben meditierst. Oder mache es umgekehrt. Wenn du den Baum, den Höhepunkt, als Licht oder Leben oder den Samen in dir als Leben oder Licht betrachtest, wirst du automatisch Schönheit in deiner Malerei hervorbringen. Denn dann hast du, noch bevor deine Schöpfung auf der äußeren Ebene sichtbar wurde, diese bereits in der inneren Welt mit Licht und Leben erfüllt.

Wenn du etwas, das du erschaffen möchtest, Licht oder Leben gibst, wirst du unweigerlich die Schönheit darin sehen.

A Galaxy of Beauty's Stars

Schönheit im Gemälde

Zuerst solltest du versuchen, deinen Verstand zu reinigen. Schönheit ist Reinheit. Schönheit und Reinheit gehören zusammen. Wenn dein Verstand sehr rein ist, ist er gleichzeitig dem Schönen zugetan. Dann wird nichts Hässliches oder Ungöttliches wagen, einzutreten. Reinige zuerst deinen physischen Verstand so gut du kannst. Wenn du ihn erst einmal gründlich gereinigt hast, wirst du in der Lage sein, ihm durch dein inneres Sehnen göttliche Schönheit zu geben. Wenn der Verstand erst einmal gereinigt und erleuchtet ist, wird das, was du dort haben möchtest, automatisch von oben kommen.

Auf die gleiche Weise musst du deinen Verstand sehr rein und göttlich machen, wenn du Schönheit in deinem äußeren Verstand haben möchtest.

A Galaxy of Beauty's Stars

Frage: Wie kann ich beim Malen Reinheit in mein Bewusstsein bringen?

Sri Chinmoy: Um beim Malen Reinheit in dein Bewusstsein zu bringen, musst du spirituelle Dinge malen. "Kunst um der Kunst willen" ist vom spirituellen Standpunkt aus falsch. Nehmen wir an, du hast einen Kugelschreiber gezeichnet. Jeder wird sagen: "Ja, das ist ein wunderschöner Kugelschreiber, den er da gezeichnet hat." Welche Inspiration oder Strebsamkeit hast du davon erhalten? Keine! Die Zeichnung hat dein Bewusstsein nicht um einen Millimeter ausgedehnt. Wenn du jedoch eine wunderschöne weiße Blume zeichnest, werden deine Augen die Schönheit und Göttlichkeit der Blume unglaublich schätzen. Und während du die Blume malst, bekommst du Reinheit von ihr.

Etwas Göttliches befindet sich sowohl im Kugelschreiber als auch in der Blume. Aber das Göttliche, das sich in der Blume befindet, ist erfüllender und stärker offenbart. Wenn du also eine Blume malst, wird sich dein Bewusstsein ausdehnen. Und dies hat zur Folge, dass Reinheit sich in dir niederlassen wird.

Um beim Malen Reinheit in dein Bewusstsein zu bringen, musst du spirituelle Dinge malen. Und dann musst du dein Bewusstsein mit den göttlichen Eigenschaften dessen, was du malst, identifizieren. Nehmen wir an, du malst einen Baum. Ein Baum steht geduldig und schützt jeden vor Regen und Sonne und bietet seine Früchte der ganzen Welt an. Die innere Essenz eines Baumes ist Geduld und Opfer. Diese Eigenschaften haben sich jetzt vielleicht noch nicht in dir manifestiert. Im Baum jedoch haben sie sich bereits manifestiert. Versuche also beim Zeichnen eines Baumes, in die göttlichen Eigenschaften des Baumes einzutreten und dich mit ihnen zu identifizieren. Dann werden seine göttlichen Eigenschaften dir gehören.

Wenn du einen spirituellen Meister zeichnest und in sein Bewusstsein eintrittst, wirst du mit innerer Reinheit durchflutet werden. Du wirst ihn für zwei oder drei Stunden malen und auf ihn meditieren, also wird natürlich sein Bewusstsein in dich eintreten. Indische Künstler haben, nachdem sie spirituelle Meister gemalt haben, aufgrund ihrer inneren Identifikation mit diesen Meistern lebenslange Reinheit erlangt. Das ist etwas, das auch du machen kannst.

Versuche, wann immer du etwas Spirituelles malst, die Bedeutung dessen, was du malst, zu spüren. Wenn du gerade einen Fluss malst und du den Fluss nur als einen von tausend anderen Flüssen auf der Welt ansiehst, wird dir das nichts bringen. Wasser symbolisiert Bewusstsein. Du musst also den Fluss als einen Bewusstseinsstrom betrachten, der zu seinem Ursprung, dem unendlichen Meer, fließt. Du musst fühlen, dass der Fluss Bewegung ist – keine ruhelose, sondern dynamische Bewegung. Der Fluss ist das Endliche, und er tritt in das Meer, das Unendliche, ein. Ebenso musst du beim Malen fühlen, dass auch du in die Quelle eintauchst. Da du weißt, dass Wasser

Bewusstsein verkörpert, solltest du beim Malen fühlen, dass Bewusstsein in dich eintritt und dass du dein Bewusstsein ausdehnst. Wo Ausdehnung ist, ist Reinheit. Unreinheit tritt dann in unser System, wenn wir versuchen, unser Leben zu binden. Wasser ist Bewusstsein. Und mit der Ausdehnung des Bewusstseins wirst du Reinheit erhalten.

Jharna-Kala, Jan.-Feb.-März 1978

Bedeutung von Farben

Farben symbolisieren verschiedene Dinge. Die Farbe Silber zum Beispiel hat eine besondere Bedeutung, die auf jedes Gebiet zutrifft. Silber bedeutet Reinheit. Wenn du während der Meditation diese Farbe siehst, hast du in Bezug auf Reinheit ungeheuren Fortschritt in deinem Leben gemacht. In dem Moment, wo du die Farbe Silber siehst, musst du fühlen, dass dein Verstand, dein Vitales und dein Körperbewusstsein rein werden. Dies trifft ebenfalls zu, wenn du die Farbe Silber in Kunstwerken siehst.

Der aufrichtige Sucher kann sich auf diese Farbtafeln[*] konzentrieren und darauf meditieren, um die Eigenschaften, welche die Farben verkörpern, hervorzubringen. Du solltest dich auf die Farbe konzentrieren, die dir helfen wird, eine dir fehlende Eigenschaft hervorzubringen. Die Wahl musst du selbst treffen. Die Farbe, die dir die größte Freude oder spontane Freude bereitet, oder die Farbe, zu der du eine Beziehung hast, ist diejenige, die du natürlicherweise auswählen wirst. Wenn du einige Farben vor dich hinlegst und eine der Farben dich wie ein Magnet anzieht, dann ist das die Farbe für dich – für deine Verwirklichung und deine Manifestation.

Du kannst dich auf diese Farben auch konzentrieren, um deine Gebrechen zu heilen. Es gibt keine feste Regel, welche Farbe dafür die beste ist. Das hängt ganz vom Entwicklungsstand des Suchers ab. Wenn du dich heilen möchtest, solltest du die Farbe auswählen, für die du etwas Besonderes empfindest. Nur dann kannst du spontane Heilung erleben. Wenn du die richtige Farbe auswählst, kannst du von diesem Tag an ein ausgeglichenes Leben führen. Es muss aber eine Farbe sein, von der du möchtest, dass sie eine wirksame Medizin ist. Wenn ich Rot lieber habe als Blau, wird mich nur Rot heilen. Wenn du aber Blau magst, solltest du Blau wählen, da dich in diesem Fall Blau heilen wird. Die Farbe, die dir innere Freude gibt, ist deine Medizin, da dich innere Freude unmittelbar heilen wird.

Wenn du zum Beispiel Blau magst, dann betrachte diese Farbe und konzentriere dich auf sie, oder versuche zu fühlen, dass sie sich in dir befindet und dass du in diese Farbe hineinwächst. Du wirst umgehend Freude empfinden, und diese Freude wird deinen Schmerz und all deine Gebrechen hinweg nehmen. Freude wird Wonne genannt. Sobald du Wonne hast, sobald du von Wonne durchflutet bist, werden die Gebrechen deiner äußeren Natur, die sich in Form von Schmerz und Leiden zeigen, verschwinden.

Jharna-Kala, Juli-Aug.-Sept. 1980

) siehe das Buch "Colour Kingdom" von Sri Chinmoy mit 52 Farbtafeln und den Bewusstseinsqualitäten der jeweiligen Farben; www.goldenshore.de

Frage: Warum sieht man bei verschiedenen Meditationen verschiedene Farben?

Sri Chinmoy: Jede Farbe hat eine eigene Bedeutung. Dein inneres Wesen möchte jedes Mal eine andere Nahrung zu sich nehmen. Du möchtest auch nicht jeden Tag dasselbe essen. An einem Tag isst du etwas bestimmtes, am nächsten Tag isst du etwas anderes. Es ist dein gutes Recht, Abwechslung in deinem Speiseplan zu haben. Wenn du eine Speise magst, kannst du die gleiche Speise über mehrere Tage hinweg essen. Und wenn du die Speise wechseln möchtest, kannst du auch das tun. Hier möchte das innere Wesen eine bestimmten Nahrung zu sich nehmen. Es wählt die Farbe wie eine Änderung der Speise. Es liegt an dir, ob du eine Vielzahl an Farben schätzt oder ob dir immer wieder die gleiche Farbe gefällt. So wie es irdische Nahrung gibt, gibt es auch himmlische Nahrung. Diese Nahrung ist Farbe, Licht und so weiter. Es liegt an dir, auf welche Weise du dich selbst zufriedenstellen möchtest.

Jharna-Kala, April-Mai-Juni 1977

XI.
Meditationsübungen
für Läufer

Wenn sich mein Bewusstsein

auf meinem Kopf befindet

und sogar darüber hinausgeht,

weiß ich,

dass ich endlich meine höchste Höhe erreiche.

Meditationsübungen für Läufer

Frage: Wie können wir Enthusiasmus und Frische in unserem Training beibehalten und uns vor Ermüdung und Langeweile bewahren?

Sri Chinmoy: Wir können verhindern, dass unser Training ermüdend und langweilig wird, wenn wir daran denken, dass das Laufen wie eine frisch erblühte Blume ist, die wir jeden Tag zu Füßen unseres geliebten Supreme legen. Wir müssen fühlen, dass diese frisch erblühte Blume das tägliche Erwachen unserer Seele ist, eine sich hingebende Wirklichkeit, die wir jeden Tag unserem geliebten Supreme darbringen. Wenn wir uns dieser Erfahrung beim Laufen bewusst sein können, werden wir unser Training niemals ermüdend oder langweilig finden.

The Outer Running and the Inner Running

Enthusiasmus auf langen Strecken

Es ist leicht, auf kurzen Distanzen – von hundert Metern bis zu einer Meile – Enthusiasmus aufrechtzuerhalten. Du erhältst einen Energieschub oder Inspiration und läufst los. Aber Enthusiasmus auf langen Strecken beizubehalten ist sehr schwierig. Es gibt sehr viele Arten, deinen Enthusiasmus aufrechtzuerhalten, wenn du auf langen Strecken müde wirst. Hier sind zwei, die besonders wirkungsvoll sind:

Denke beim Laufen nicht daran, dass du fünfundzwanzig oder dreißig Jahre alt bist. Stelle dir vor, dass du erst sechs oder sieben Jahre alt bist. Im Alter von sechs oder sieben sitzt ein Kind nicht herum; es läuft ständig von da nach dort. Stelle dir also den Enthusiasmus eines kleinen Kindes vor und identifiziere dich nicht mit dem Kind, sondern mit der Quelle seines Enthusiasmus. Das ist eine Möglichkeit.

Eine weitere geheime Art ist, dass du dich beim Langstreckenlauf mit zehn oder sogar zwanzig Läufern identifizierst, die vor dir sind. Stelle dir nur die Art vor, wie sie ein- und ausatmen. Fühle dann, wenn du Luft holst, dass du ihren Atem einatmest und dass die Energie der zwanzig Läufer in dich eintritt. Fühle dann beim Ausatmen, dass alle zwanzig Läufer deine Müdigkeit und deinen Mangel an Enthusiasmus ausatmen.

Während du läufst, ist es schwierig für dich zu fühlen, dass kosmische Energie in dich einströmt. Also wirst du okkult oder im geheimen den Atem von zwanzig Läufern gleichzeitig einatmen. Die so erhaltene Energie, die nichts anderes ist als Enthusiasmus, wird dich zehn Schritte nach vorn machen lassen. Du darfst aber nicht vergessen, dass du ihren Atem, ihre Inspiration und Entschlossenheit einatmest und nicht ihre Müdigkeit. Du musst fühlen, dass ihr Atem wie klares destilliertes Wasser ist. Wenn du an jemanden denkst, der erschöpft ist, wird dir der Atem dieser Person nicht weiterhelfen. Wenn du aber an jemanden denkst, der schneller läuft als du, wird dir seine Energie helfen. Du stiehlst sie nicht, du nimmst nur die spirituelle Energie auf, die sich um ihn und in ihm befindet, so wie sie sich in dir befindet. Da er jedoch schneller läuft, bist du dir der Energie in ihm bewusster.

The Outer Running and the Inner Running

Frage: Wie kann ich schneller werden? Ich finde es äußerst uninspirierend, langsam zu laufen.

Sri Chinmoy: Die Geschwindigkeit beim Laufen hängt in hohem Maße vom Verstand ab. Du musst eine bessere Vorstellungskraft entwickeln. Stell dir vor, dass du schnell läufst und du deine Geschwindigkeit schätzt. Lass dich dann durch das Entzücken und die Freude, die du von deiner Vorstellung erhältst, überfluten. Diese Freude wird deine Geschwindigkeit erhöhen. Du kannst auch an einige Personen denken, die wirklich schnell laufen, und versuchen, dich mit ihnen zu identifizieren.

In deinem Fall brauchst du dabei überhaupt nicht weit zu gehen. Dein Mann läuft viel schneller als du. Du hast ihn viele Male schnell laufen sehen, so dass du deine Beine mit seinen Beinen identifizieren kannst. Wenn du das nächste Mal laufen gehst, fühle von Anfang an, dass du dir seine Beine ausgeliehen hast. Fühle von da an, dass du seine Beine gebrauchen kannst, wann immer du laufen willst.

Dies alles basiert auf Vorstellungskraft. Natürlich kannst du einige Übungen machen, um deine Geschwindigkeit zu erhöhen. Lockerungs- und Dehnübungen werden ein wenig helfen. Die Vorstellungskraft spielt jedoch bei der Erhöhung der Geschwindigkeit eine große Rolle.

The Outer Running and the Inner Running

Frage: Gibt es eine Meditation oder ein Mantra, um Geschwindigkeit und Ausdauer zu verbessern?

Sri Chinmoy: "Supreme" ist die beste Meditation. "Supreme" ist das beste Mantra. Wenn du beim Laufen den Namen des Supreme höchst seelenvoll und hingebungsvoll wiederholen kannst, wird es dir natürlich helfen, deine Geschwindigkeit und deine Ausdauer zu verbessern.

Wenn du ein Mantra möchtest, dann ist "Supreme" das beste Mantra. Wenn du eine besondere Meditationsart möchtest, ist "Supreme" die beste Meditation. Versuche einfach, den Namen des Supreme höchst seelenvoll zu wiederholen. Das wird dir helfen, deine Geschwindigkeit zu verbessern und deine Ausdauer zu erhöhen.

Aum, Juli 1980

Schmerzen beim Laufen

Wenn du nur einen leichten Schmerz in deinem Knie verspürst und dieser Schmerz erträglich ist, solltest du weiterlaufen. Fühle in diesem Augenblick, dass der Schmerz vergehen wird, wenn du weitere hundert Meter läufst. Wenn du dann die hundert Meter bewältigt hast, fühle, dass der Schmerz bestimmt nach weiteren hundert Metern aufhören wird. Wenn du das fünf oder sechs Mal machen kannst, wird der Großteil des Schmerzes vergehen. Sogar wenn ein Teil des Schmerzes übrigbleibt, hat der Verstand seine Aufmerksamkeit davon weggelenkt. Dein Verstand hat ihn vergessen.

Was kannst du aber tun, wenn der Schmerz völlig unerträglich ist? Du musst einfach nachgeben und aufhören zu laufen, zumindest für eine Weile.

The Outer Running and the Inner Running

Es gibt drei Arten, wie du Sport betrachten kannst. Eine Art ist, andere zu besiegen und zu zeigen, wie gut du bist; das ist die menschliche oder tierische Art. Die zweite Art, ist zu sagen: "Ich werde mein Bestes geben, ich werde versuchen, mich zu steigern. Wenn ich einen fünf Meter weiten Sprung gemacht habe, werde ich nun versuchen, fünfeinhalb Meter zu springen, um Fortschritt zu machen." Die dritte Art ist, es vollkommen in die Hände des Supreme, des ewigen Führers, zu legen: "Dein Wille geschehe." Wenn Er will, werde ich der Letzte sein. Wenn Er will, dass ich siege, ist es Seine Sache.

Das sind also die drei Arten. Die tierisch-menschliche Art sagt: "Auf Biegen und Brechen werde ich jemanden besiegen, und ich werde der Erste sein." Die göttliche Art ist Fortschritt zu machen, da Gott selbst in und durch uns Fortschritt macht. Aber die höchste Art ist, nicht einmal um Fortschritt zu bitten, sondern zu sagen: "Wenn es Dein Wille ist, wenn Du es möchtest, werde ich die schlimmstmögliche Erfahrung einer großen Niederlage machen. Wenn Du möchtest, werde ich die Erfahrung des bestmöglichen Sieges machen." Das ist die höchste Art.

Jharna-Kala, Juli-Aug.-Sept. 1977

Frage: Ich finde, dass mein Streben bei Rennen stark schwankt, manchmal geht es hinauf, manchmal hinunter. Gibt es eine Möglichkeit, mein Streben das ganze Rennen hindurch aufrecht zu erhalten?

Sri Chinmoy: Das ist mein einfacher Vorschlag: Meditiere, bevor das Rennen beginnt, fünf Minuten lang höchst seelenvoll. Versuche zu fühlen, dass nicht du der Läufer bist, sondern dass jemand anderes in und durch dich läuft. Du bist nur der Beobachter, der Zuschauer. Wenn jemand anderes läuft, hast du die absolute Freiheit zuzuschauen und zu genießen. Manchmal ist es für dich beim Laufen sehr schwierig, das Rennen zu genießen. Du fühlst dann, dass du buchstäblich eingehst. Entweder bringt dich der Wettkampfgeist oder die Frustration um, oder dein Körper gehorcht deinem mentalen Willen nicht. Daher treten viele Probleme auf.

Wenn du aber vor dem Start dich selbst davon überzeugen kannst, dass du ein göttlicher Beobachter bist und jemand anderes in dir und durch dich läuft, werden Angst, Zweifel, Frustration, Unruhe und andere negative Kräfte deinen Verstand nicht angreifen können. Wenn diese Gedanken einmal vom Verstand Besitz ergriffen haben, versuchen sie, zuerst in das Vitale und dann in das Physische einzudringen. Wenn sie sich erst einmal im Physischen befinden, verlierst du deine gesamte Konzentrationskraft. Wenn du aber fühlst, dass nicht du der Läufer bist, sondern dass du das Rennen vom Anfang bis zum Ende beobachtest, wird es keine Anspannung geben, und diese Kräfte werden dich nicht angreifen. Es ist die Anspannung, die dir deine Konzentrationskraft nimmt. Sei also von Anfang an spirituell weise. Dann wird es das ganze Rennen hindurch keine Selbstzweifel, keine Frustration, keine mentalen Qualen geben. Das ist die einzige Art, diese Kräfte zu überwinden. Das ist die einzige Art, wie du die höchste Konzentration von Anfang bis Ende aufrechterhalten kannst.

Ich tue genau das gleiche. Als Läufer bin ich unbrauchbar. Aber ich versuche, gleich zu Beginn zu einem Werkzeug zu werden, und fühle, dass jemand anderes, mein geliebter Supreme, in und durch mich läuft. Ich biete gleich zu Beginn des Rennens dem Supreme mein Dankbarkeitsherz an. Und nachdem ich das Rennen beendet habe, bringe ich ihm wieder meine Dankbarkeit dar. Wenn ich sowohl vor dem Rennen als auch danach meinem inneren Führer meine seelenvolle Dankbarkeit anbieten kann, kann es keine Frustration, kein Nachlassen des inneren Strebens geben. Dann gibt es weder Aufstieg noch Fall. Das innere Streben und die Kraft der Konzentration werden das ganze Rennen hindurch gleich bleiben.

XII.
Meditationsübungen für
praktische Zwecke

Ganz gleich, wieviele Fehler du begehst,

ganz gleich, wie nutzlos du dich glaubst,

ganz gleich, wieviele Schwächen du bewusst

oder unbewusst hegst,

wenn du deine Freundschaft mit

deinem ewig-liebenden, ewig-inspirierenden

und ewig-erleuchtenden Freund,

der Meditation, erhalten kannst,

wirst du zweifellos die wahre Bedeutung

deines Lebens entdecken.

Meditationsübungen für praktische Zwecke

Um in der Meditation wach zu bleiben: Versuche, den Kraftaspekt des Supreme anzurufen. Rufe nicht Frieden oder Licht an; versuche nur, die göttliche Kraft von innen hervorzubringen, oder hole die Kraft von oben herab. Diese göttliche Kraft wird dich fühlen lassen, dass dein Körper vor Fieber brennt, obwohl du eigentlich keine erhöhte Temperatur hast, und sie wird dich umgehend stärken.

Du kannst außerdem den Namen des Supreme so schnell wie möglich wiederholen. Es ist kein Rennen, aber achte darauf, wie oft du "Supreme" mit einem Atemzug wiederholen kannst. Wenn du dann die Kraft in der Wiederholung dieses Namen spürst, wird dein ganzes Wesen von göttlicher Kraft durchflutet, und du wirst unweigerlich einen neuen Fluss von Leben und Kraft fühlen.

Versuche stets, eine dynamische und fortschreitende, jedoch keine aggressive Bewegung in dir zu fühlen. Wenn es eine dynamische und fortschreitende Bewegung gibt, kannst du nicht einschlafen. Fühle, dass in dir ein Zug fährt, der seinem Ziel entgegenfährt. Fühle, dass du selbst ein Eilzug bist, der nur ein Ziel hat. Der Fahrer dieses Zuges wiederholt ständig Gottes Namen, um Energie, Stärke, Vitalität und alle göttlichen Eigenschaften zu erlangen. Ein Eilzug hält nur am Ende seiner Reise, dem Ziel; auf der Fahrt hält er überhaupt nicht an. Dein Ziel wird es sein, tiefe Meditation zu erreichen.

Was du tun kannst ist, dir einen blaugrünen Wald oder ein blaugrünes Feld vorzustellen und zu fühlen, dass du durch diesen Wald oder über dieses Feld gehst. Dann wirst du dich mit Energie aufgeladen fühlen, ganz gleich, wie müde du bist.

Du kannst dich selbst auch so fest wie möglich kneifen und dir vorstellen, dass dich jemand anderes kneift. Wenn du dich selbst kneifst, musst du fühlen, dass dein Bewusstsein deine Unbewusstheit kneift. Aber du musst fühlen, dass eine dritte Person kneift. Dann wirst du sagen: "Hör auf, hör auf, hör auf!"

Meditation: Man-Perfection in God-Satisfaction

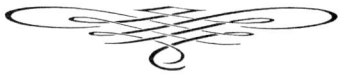

Frage: Gibt es eine spirituelle Art, schlechte Gewohnheiten zu durchbrechen?

Sri Chinmoy: Natürlich gibt es das. Meditiere stets, bevor du etwas tust, für eine Minute oder zumindest für ein paar Sekunden. Die Kraft dieser Meditation wird wie ein Pfeil in die schlechte Gewohnheit eindringen. Meditation, der Krieger, wird seine göttlichen Pfeile gegen schlechte Gewohnheiten richten. Das ist der absolut beste Weg.

Problems! Problems! Are They Really Problems?

Frage: Wie können wir Meditation gebrauchen, um uns von Schmerz zu befreien?

Sri Chinmoy: Du solltest versuchen, Licht anzurufen, um den Schmerz zu heilen. Schmerz ist nichts anderes als eine Art von Dunkelheit in uns. Wenn das innere Licht oder das Licht von oben beginnt, im Schmerz selbst zu arbeiten, wird der Schmerz

beseitigt, oder er wird in Freude verwandelt. Wirklich fortgeschrittene Sucher können tatsächlich Freude im Schmerz selbst
fühlen. Aber dafür muss man sehr weit fortgeschritten sein. In
deinem Fall solltest du während deines Gebets und deiner
Meditation versuchen, Licht von oben herab zu bringen, und
fühlen, dass der Schmerz Dunkelheit in dir ist. Wenn du Licht
herab bringst, wird der Schmerz entweder erleuchtet, umgewandelt oder aus deinem System entfernt werden.

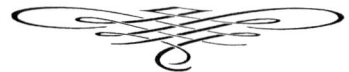

Meditation zum Abnehmen

Du kannst jeden Tag meditieren, um Gewicht zu verlieren.
Sobald du zu meditieren beginnst, musst du dir vorstellen, du
bist eine Feder. Du kannst eine Feder vor dich hinlegen und
fühlen, dass du diese Feder bist. Verwende deine Vorstellungskraft. Vorstellung ist Wirklichkeit in einer anderen Welt. Wenn
deine konzentrierte Willenskraft auf die Feder gerichtet ist und
wenn du mit dem Bewusstsein der Feder eins werden kannst,
wirst du Gewicht verlieren können, egal was du isst. Dein Ziel ist
nicht, so leicht wie die Feder zu werden – bei weitem nicht! Die
Feder ist nur ein Symbol. Die Feder symbolisiert Leichtigkeit.
Wenn du in deinem Verstand die feste Vorstellung haben
kannst, dass du leicht bist, wird der Verstand von selbst auf das
Physische Druck ausüben. Vorstellung ist eine sehr starke Kraft.
Deine Vorstellungskraft wird dir helfen können.

Aum, Oktober 1977

Über den Autor

Sri Chinmoy ist ein verwirklichter spiritueller Meister, der sein Leben jenen Suchern gewidmet hat, die nach einem tieferen Sinn im Leben suchen. Durch seine Meditation, seine Musik, seine Kunst, seine Schriften und den Sport hat er Menschen in aller Welt gedient und sie inspiriert, ein Leben der Harmonie und der inneren Erfüllung zu führen.

Sri Chinmoy wurde 1931 im heutigen Bangladesh geboren und trat im Alter von zwölf Jahren in einen Ashram in Südindien ein. Dort widmete er sich über viele Jahre hinweg intensiv der Meditation und spiritueller Disziplin und begann, seine Erfahrungen in Gedichten, Essays und spirituellen Liedern zum Ausdruck zu bringen. Auch Sport und selbstloses Dienen waren wichtiger Bestandteil seines Ashramlebens.

Bereits in seiner frühen Jugend hatte er viele tiefe innere Erfahrungen und erreichte spirituelle Verwirklichung. Während der zwanzig Jahre seiner Ashramzeit vertiefte und vervollkommnete er seine Verwirklichung, bis er, einem inneren Ruf folgend, 1964 nach New York kam, um seinen inneren Reichtum mit aufrichtigen Suchern im Westen zu teilen.

Bis zu seinem Mahasamadi am 11. Oktober 2007 im Alter von sechsundsiebzig Jahren wirkte Sri Chinmoy als spiritueller Leiter von mehr als 350 Meditationszentren rund um die Welt. Doch auch nachdem er den physischen Körper verlassen hat, ist seine innere Gegenwart und Führung weiterhin zu spüren, und seine Mission wird ganz in seinem Sinn weitergeführt.

Sri Chinmoy lehrt einen Weg des Herzens als einfachsten Weg, um schnellen spirituellen Fortschritt zu machen. Indem der Sucher auf sein Herz meditiert, kann er seinen eigenen Schatz des Friedens, der Freude, des Lichts und der Liebe entdecken. Die Rolle des spirituellen Meisters sieht Sri Chinmoy darin, dem Sucher innerlich zu helfen, die inneren Reichtümer, die sein Leben erleuchten können, zum Vorschein zu bringen. Ein Meister unterweist seine Schüler im inneren Leben und hebt ihr Bewusstsein nicht nur weit über ihre Erwartungen, sondern sogar weit über ihre Vorstellung hinaus. Im Gegenzug bittet er seine Schüler, regelmäßig zu meditieren und zu versuchen, die inneren Fähigkeiten zu vervollkommnen, die die Meditation in ihnen zum Vorschein bringt.

Sri Chinmoy lehrt, dass für einen Sucher Liebe der direkteste Weg ist, sich dem Supreme – Gott – zu nähern. Wenn ein Kind Liebe für seinen Vater spürt, ist es ihm nicht wichtig, wie großartig der Vater in den Augen der Welt ist. Das Kind spürt durch seine Liebe nur sein Einssein mit seinem Vater und seinen Besitztümern. Wenn wir uns dem Supreme so nähern, fühlen wir, dass der Supreme und Seine Ewigkeit, Unendlichkeit und Unsterblichkeit dem Sucher gehören. Die Philosophie der Liebe drückt nach Meinung Sri Chinmoys die tiefste Verbindung zwischen dem Menschen und Gott aus, die beide Aspekte des gleichen vereinten Bewusstseins sind. Im Spiel des Lebens erfüllt sich der Mensch im Supreme, indem er Gott in seinem eigenen höchsten Selbst verwirklicht.

Der Supreme offenbart Sich durch den Menschen, der Ihm als Instrument für die Transformation und Vervollkomm-nung der Welt dient. Nach alter indischer Tradition verlangte Sri Chinmoy für seine spirituelle Unterweisung nie Geld. Seine Konzerte und öffentlichen Meditationen waren stets kostenlos, und auch die Kurse und Konzerte seiner Schüler und der Sri Chinmoy Centers sind weiterhin frei. Seine einzige Gebühr, so sagte er, sei der aufrichtige „innere Ruf", das heißt die innere Sehnsucht des

Suchers. Auch heute noch fühlen seine Schüler, dass er sich innerlich um jeden Einzelnen kümmert und die Verantwortung für den inneren Fortschritt des Schülers übernimmt. Während seine Schüler zu seinen Lebzeiten oft Gelegenheit zum persönlichen Kontakt hatten, zum Beispiel bei den internationalen Treffen, die zwei- bis dreimal im Jahr in New York stattfinden oder wenn Sri Chinmoy ihre jeweiligen Städte und Länder besuchte, erfahren sie jetzt noch stärker, dass die innere Verbindung zwischen Meister und Schüler unabhängig von geographischen Entfernungen und körperlicher Präsenz ist.

Durch sein aktives, dynamisches Leben hat Sri Chinmoy gezeigt, dass Spiritualität keine Flucht vor der Welt bedeutet, sondern die Welt annimmt, um sie zu transformieren. So hat er an die 1.600 Bücher veröffentlicht, darunter Theaterstücke, Gedichte, Geschichten, Essays und Kommentare, sowie Fragen und Antworten zu den verschiedensten Aspekten der Spiritualität. Er hat mehrere Tausend Zeichnungen gemalt, die in zahlreichen Ausstellungen weltweit zu sehen waren, und über 21.000 Lieder komponiert. Sri Chinmoy hat über 800 Meditationskonzerte in aller Welt gegeben, bei denen er in einem tiefen meditativen Bewusstsein eigene Kompositionen auf einer Vielzahl östlicher und westlicher Instrumente spielte.

Als begeisterter Sportler, der von der Bedeutung körperlicher Fitness im spirituellen Leben überzeugt ist, hat Sri Chinmoy seine Schüler ermutigt, regelmäßig Sport zu treiben. Dank seiner Inspiration organisiert das internationale Sri Chinmoy Marathon Team jährlich mehrere hundert Sportveranstaltungen bis hin zu Ultramarathons, einschließlich dem längsten zertifizierten Straßenlauf der Welt (3100 Meilen). 1987 rief Sri Chinmoy einen internationalen Fackellauf für Freundschaft und Harmonie unter den Menschen ins Leben, seit 2003 „World Harmony Run" genannt, an dem sich bis heute Millionen von Menschen in 140 Ländern beteiligt haben.

Bücher und Musik von Sri Chinmoy; sowie Ausschnitte seines Wirkens auf DVD

Sri Chinmoy bietet für Sucher nach der letztendlichen Wahrheit, nach dem Sinn des Lebens, einen wahren Schatz an Wissen und Einsichten. In deutscher Sprache sind weit über 300 Werke Sri Chinmoys erhältlich. Nachstehend einige Empfehlungen unseres Verlages:

Meditation - Menschliche Vervollkommnung in göttlicher Erfüllung
Meditation, insbesondere die Meditation des Herzens, ist der Königsweg, um sich selbst zu entdecken und Gott zu erfahren. In diesem Buch findet ihr eine klare, praktische und umfassende Einführung in die Meditation von einem Meister, der aus der eigenen Erfahrung spricht. Mit vielen Übungen und Antworten auf die häufigsten Fragen von Anfängern wie Fortgeschrittenen. Ein Standardbuch für die Praxis der Meditation.
314 Seiten, ISBN 978-3-89532-005-7

Schwingen der Freude
Finde zu deiner inneren Freude und entdecke die Kraft deines Herzens. Ein sehr beliebtes Büchlein mit wertvollen Anregungen, wie wir Ängste und andere hemmenden Emotionen verwandeln können, um uns auf den Schwingen der Freude empor tragen zu lassen. Mit einer kurzen Einführung in die Meditation.
152 Seiten, ISBN 978-3-89532-032-2

Träume und ihre spirituelle Bedeutung
Unsere Träume sind voller Geheimnisse. Woher kommen unsere Träume? Was bedeuten ihre Bilder? Wie kann ich mich an sie erinnern? Und wie helfen sie mir auf meiner inneren Reise? Sri Chinmoy gibt in diesem Buch einen faszinierenden Einblick in das Wesen der Träume aus spiritueller Sicht.
112 Seiten, ISBN 978-3-89532-015-6

Colour Kingdom

Ein inspirierender, bezaubernder großformatiger Farbband, in dem Sri Chinmoy aus yogischer Sicht die innere, spirituelle Bedeutung von über 50 Farbtönen beschreibt. Jede Farbseite ist von einem mantrischen Aphorismus begleitet. Ideal zum Meditieren auf Farben und deren Eigenschaften.
148 Seiten, ISBN 978-3-89532-113-9

Seelenreise meines Lebens

Diese Sammlung von Aphorismen und Betrachtungen Sri Chinmoys inspiriert und begleitet uns Tag für Tag auf unserer Reise zur Selbstentdeckung. Während wir uns diese spirituelle Weisheiten aneignen, erkennen wir, dass uns das Leben zahlreiche Gelgenheiten bietet, auf unsere innere Stimme zu hören. Je ein Aphorismus, ein Gedicht und eine Textpassage für jeden Tag.
384 Seiten, ISBN 978-3-89532-049-1

Die Kraft der Mantren

Die spirituelle Kraft der Mantren kann schützen, reinigen und in die Meditation führen. Mit Hilfe von Mantren könnnen wir sogar zur Erleuchtung gelangen. Mit Erklärungen aus den Veden, den Upanishaden und der Bhagavad Gita.
114 Seiten, ISBN 978-3-89532-070-5

Yoga und das spirituelle Leben

Bhakti (liebende Hingabe), Karma (selbstloses Handeln) und Jnana (Erkenntnis) sind die 3 Hauptzweige des Yoga. Eine Einführung mit vielen Fragen und Antworten.
168 Seiten, ISBN 978-3-89532-006-4

Astrologie, das Übernatürliche und das Jenseites

Können die Sterne tatsächlich etwas über unser Schicksal aussagen? Können durch Gebet und Meditatiton Vorhersagen verändert oder aufgehoben werden? Interessante Antworten und Einblicke aus der Sicht eines spirituellen Meisters.
112 Seiten, ISBN 978-3-89532-073-6

Herzens-Weisheits-Funken, Kartenset I, II, III und IV
55 Aphorismen-Kärtchen in einer wunderschön gestalteten Geschenkbox. Inspirierende Aphorismen für jeden Tag zum Verschenken oder sich selbst schenken. Ziehe doch einfach jeden Tag eine Karte als Motto für den Tag - und der Tag hat schon ein ganz anderes Gesicht. Diese Kärtchen sind das Highlight unserer Kunden.
Set I: ISBN 978-3-89532-102-3
Set II: ISBN 978-3-89532-145-0
Set III: ISBN 978-3-89532-118-4
Set IV: ISBN 978-3-89532-201-3

Die Weisheit Sri Chinmoys, Teil 1 + 2
In diesen zwei Bänden findest du eine umfangreiche Sammlung von Texten, die Sri Chinmoys tiefgründiges Wissen über den Weg der Meditation und das spirituelle Leben weiter geben. Mit Antworten auf viele Fragen von Suchern oder Interviewern - von A wie Ananda (Freude) bis Z wie Ziel (des Lebens).
Teil 1: ISBN 978-3-89532-193-1
Teil 2: ISBN 978-3-89532-194-8

Hinter dem Vorhang der Ewigkeit
Was geschieht, wenn unsere Seele den Körper verlassen hat? Sri Chinmoy beantwortet Fragen über das Sein jenseits des physischen Todes und erklärt, wie ein wahrer spiritueller Meister die Menschen weiterhin leiten kann, selbst wenn er bereits hinter den Vorhang der Ewigkeit getreten ist.
136 Seiten, ISBN 978-3-89532-048-4

Tod und Wiedergeburt
Sri Chinmoy hat in der Meditation schon oft die Grenzen des Todes überschritten und hinter den Schleier geblickt. Seine Aussagen helfen, die Angst vor dem Tod zu überwinden und den Sinn des Lebens in einem neuen Licht zu sehen.
152 Seiten, ISBN 978-3-89532-008-8

CD **Sri Chinmoy - Flute Music for Meditation, Vol. 1**
Sri Chinmoy spielt hier auf der Echoquerflöte - sanft, weit, schwerelos - Musik zum Meditieren, für Yoga, Massage, Entspannung.

CD **Sri Chinmoy - Flute Music for Meditation, Vol. 2**
Sri Chinmoy spielt hier verschiedene Flöten - inspirierend, erhebend, neue Wege nach innen erkundend.

CD **Sri Chinmoy - Symphony for Meditation** - Drei Symphonien aus AUM, Shanti und Supreme-Chants mit instrumentaler Untermalung und Naturklängen, die dich in die höchsten Höhen der Meditation tragen.

CD **Sri Chinmoy: Esraj, My Heart Song** - Die Klänge der indischen Esraj verkörpern wie kein anderes Instrument die Sehnsucht des spirituellen Herzens nach dem Höchsten. Auf sanfte und zugleich intensive Weise berühren sie das Herz des Zuhörers und führen ihn tiefer in die Meditation.

CD **Sitar Pilgrimage** - Adesh & Ajita spielen Kompositionen Sri Chinmoys. Meditative Sitarklänge und rhythmische Tablas entführen dich in die Magie und Mystik Indiens.

CD 4 **Meditation** - Geführte Meditationen erleichtern den Einstieg. Hier findest du 4 klassische Übungen: eine Atem-, eine Blumen-, eine Kerzen- und eine Punktmeditation. Sprecher Aditya Nowotny

DVD **Meditations Vol. I bis 10** - Erlebe es, direkt mit einem Meister zu meditieren. Spüre die Kraft, die von seinen Augen, seiner Aura fließt, und lasse dich von deiner Seele in eine andere Dimension tragen.

DVD **Innere und äußere Harmonie** - Wunderschöne Naturaufnahmen verbunden mit geführten Meditationen.

DVD **Prag Konzert** - Erlebe Sri Chinmoy bei einem öffentlichen Konzert in Prag mit mehr als 12000 begeisterten Zuhörern.

Wenn Sie mehr über Sri Chinmoy, seine Bücher und seine Musik erfahren möchten oder an kostenlosen Konzerten und Meditationskursen in Ihrer Nähe interessiert sind, wenden Sie sich bitte an den Verlag The Golden Shore oder unsere Auslieferungsstätten in Österreich und in der Schweiz. Wir senden Ihnen gerne weitere Informationen zu.

The Golden Shore Verlagsges.mbH
D-90429 Nürnberg, Austraße 74
Tel. (0911) 28 88 65
Fax (0911) 28 84 12
www.goldenshore.de

The Golden Shore
CH-5454 Bellikon, Langächerstr. 3
Tel. (056) 496 2840
Fax (056) 496 0154
www.goldenshore.de

Gandharva Loka
Linzergasse 47
A-5020 Salzburg
Tel./Fax (0662) 87 47 27
www.goldenshore.de

Deutschland · Österreich · Schweiz

Unsere Bücher können Sie natürlich auch über Ihre Buchhandlung beziehen oder im Internet-Versand unter www.edition-bluelight.eu

Vertrieb